中国财经学术专著系列

危机救助货币政策效应研究

The Study on the Effect of Curative Monetary Policy during Financial Crisis

李秀婷　著

中国财富出版社

图书在版编目（CIP）数据

危机救助货币政策效应研究/李秀婷著．—北京：中国财富出版社，2015.8
（中国财经学术专著系列）
ISBN 978 - 7 - 5047 - 5870 - 5

Ⅰ.①危…　Ⅱ.①李…　Ⅲ.①金融危机—货币政策—研究　Ⅳ.①F821.0

中国版本图书馆 CIP 数据核字（2015）第 217345 号

策划编辑	寇俊玲		**责任编辑**	齐惠民　谷秀莉			
责任印制	方朋远		**责任校对**	饶莉莉		**责任发行**	敬　东

出版发行	中国财富出版社			
社　　址	北京市丰台区南四环西路 188 号 5 区 20 楼		**邮政编码**	100070
电　　话	010 - 52227568（发行部）		010 - 52227588 转 307（总编室）	
	010 - 68589540（读者服务部）		010 - 52227588 转 305（质检部）	
网　　址	http://www.cfpress.com.cn			
经　　销	新华书店			
印　　刷	北京京都六环印刷厂			
书　　号	ISBN 978 - 7 - 5047 - 5870 - 5/F · 2464			
开　　本	710mm×1000mm　1/16		**版　　次**	2015 年 8 月第 1 版
印　　张	11.5		**印　　次**	2015 年 8 月第 1 次印刷
字　　数	200 千字		**定　　价**	46.00 元

序

　　货币政策是宏观经济间接调控的重要手段，在国家宏观经济政策中处于非常重要的地位。毋庸置疑，系统分析和阐述货币政策理论，是研究的先决条件。基于此，李博士的著作主要对货币政策有效性理论、危机与货币政策之间关系等方面的相关研究进行了深入分析和阐述。

　　货币政策的制定和实施总是和其理论的发展紧密联系在一起的。从20世纪30年代"凯恩斯革命"开始，西方宏观经济政策和理论经历了一系列演变和发展，并且衍生出许多具体的流派，如凯恩斯主义、新古典综合派、货币主义学派、理性预期学派、新凯恩斯主义等。其中，从货币政策理论发展实践看，凯恩斯主义、货币主义学派和理性预期学派是最重要的三大学派。各流派对货币政策的有效性都有各自的理论观点及政策主张，各流派理论之间既有区别又有联系，既有一致又有冲突。

　　危机与货币政策的关系，曾是理论界关注和讨论的焦点。2007年开始的美国次贷危机，危机前和危机时的货币政策，均成为探讨危机产生原因与对策的主要内容。自2008年全球性金融危机爆发以来，各国政府纷纷采取各种手段，以使经济早日走出泥潭。货币政策作为政府能够动用的两大经济政策之一，自然得到高度重视。我国政府通过降低利率以及存款准备金率等货币政策手段，不断释放流动性，以刺激经济增长。那么，货币政策能否刺激经济复苏？其效果究竟如何？其与稳定物价的关系如何？李博士的著作在回顾现代经济学各个理论流派关于货币调控理论研究成果的基础上，利用经验数据进行实证研究并得出了相关结论；在此基础上，对危机救助货币政策的实施及其效应进行了国际经验总结，得出了一些有益的经验和引以为戒的教训；针对得出的经验和教训，结合实证结论，对未来危机救助货币政策的发展和完善提出了参考性建议。

　　从本书对于危机救助货币政策效应的分析可以看出，政府在采取积极的货币政策措施应对危机带来的各种影响时，会面临多方面的挑战和限制。若

大规模实施货币政策，则会面临危机救助和稳定物价的双重压力，即协调保增长和稳物价双方需求。无论是哪一方的程度加深，都会令该国的发展面临严峻的挑战。而危机的发生往往有来自一国自身和外部的多方面原因。因此，做好危机前的预防和危机中的应对，则能够在危机到来时更好地使用货币政策工具，在更宽松的条件下针对问题有的放矢。

著作主要有以下 3 个创新点。

从研究视角来看，本书不同于以往的研究，更侧重从协调经济复苏和物价稳定二者关系的角度，研究危机救助货币政策的经济增长效应、就业效应和通胀效应。

从研究范围来看，本书从横向和纵向两个角度系统地比较分析了 1992—2012 年几次典型的国际金融危机救助中，主要发达国家和发展中国家危机救助货币政策及其产生的经济增长效应、就业效应和通货膨胀效应。在此基础上，用具体数据和图表对危机救助货币政策的经济增长效应、就业效应和通货膨胀效应进行了系统分析，并分别对主要发达国家和发展中国家危机救助货币政策及其产生的上述效应进行了简要的比较分析。

从研究方法来看，本书建立了静态面板估计方法和动态面板 GMM（广义矩估计）模型，以 1992—2012 年主要发达国家和发展中国家为研究对象，分别实证分析了 25 个样本国家危机救助货币政策变量与 GDP、CPI 和就业率的波动关系，并比较分析了实证结论和定性分析结论。

目前虽然危机已完全结束，但本书的研究对未来货币政策的讨论，对预防危机再次爆发，对促进金融的稳定，都有重要的意义。系统地对这些问题进行梳理，能帮助我国确定合理的货币政策，采取合理的货币政策除能推动经济复苏外，也能够进一步维持金融市场的稳定，以减少危机发生的频率。

本书的出版得到了北方集团国际大学联盟总副校长杨炜苗博士的鼎力相助，以及中央财经大学政府管理学院、中国财富出版社、北京工商大学嘉华学院等单位领导的大力支持，在此深表感谢！

张志敏

中央财经大学经济学院

教授、博士生导师

2015 年 7 月

前　言

　　货币政策作为宏观经济调控的手段之一，是在 20 世纪 30 年代凯恩斯革命之后登上历史舞台真正发挥其宏观调控作用的。自此，如何选择一种有效的货币政策框架（或准则），促进货币政策正效应的发挥始终是理论研究和实践探索中的重大问题。一般而言，货币政策的目标是寻求实现持久的真实产出增长、高就业和物价稳定的广泛目标的行动[①]。在国际经济条件下，还需考虑如何实现国际收支平衡。在以上宏观经济四大目标中，货币政策对物价稳定的影响最深，任何偏离真实产出增长的货币政策都会引发通货膨胀或通货紧缩，导致物价波动。一般意义上的货币政策主要通过运用三大政策工具来实现其政策目标。其中，新凯恩斯学派提出的泰勒规则因主张货币政策应该兼顾两大目标（保持物价稳定的同时兼顾经济增长），成为诸多发达国家货币政策操作的基础。在金融危机条件下，真实产出萎缩，失业率大幅上升，政府常采取一定的危机救助措施。无论实施货币政策、财政政策，还是产业政策，或是多种政策组合的协同实施，都会将刺激经济复苏和促进就业放在政策目标的首位。为了实现经济的快速复苏，货币当局往往会实施非常规的货币政策。此时，常规货币政策已无实施空间[②]，常规货币传导机制受阻，只能采取非常规货币政策。首先，央行要做出维持低利率政策承诺，并且通过实行定量宽松或信贷宽松的货币政策增强其可信性，以影响公众预期；其次，央行为了降低市场上的风险溢价，要从经济体中直接购买其问题资产，才能修复短期利率和长期利率间的转化机制；此外，通过有保证的低利率承诺和量化宽松等非常规手段向市场持续注入流动性，才能降低长期实际利率，缓解通货紧缩压力，并协同实施财政政策等其他政策来实现经济复苏的目标。

　　总体而言，非常规货币政策对成功实施危机救助具有重要的积极作用。

---

　　① 新帕尔格雷夫货币金融大辞典（第 2 卷）［M］．北京：经济科学出版社，2000：719.
　　② 零利率下限限制了常规货币政策的使用空间，因而使用非常规货币政策。

但是，纵观历次金融危机后各国经济表现，发生危机后常伴随有较强的物价波动，甚至会出现资产价格泡沫风险。自 20 世纪 90 年代以来，国际上先后发生的最主要的几次典型的、具有明显溢出效应的国际金融危机分别是 1994 年墨西哥金融危机、1997 年亚洲金融危机、1998 年俄罗斯金融危机、1999 年巴西金融危机、2000 年阿根廷金融危机、2008 年全球性金融危机①和 2010 年的欧债危机，它们均有相似的物价波动特点。这几次国际金融危机发生后，相关国家都采取了危机救助措施。救助措施的实施虽然实现了危机救助目标，但也带来不少负面影响。尤其是危机救助的货币政策实施后，出现了物价上涨、通货膨胀压力提升、资产价格泡沫风险加大等负效应。例如，1994 年墨西哥通胀率高达 50％；1997 年亚洲金融危机后，泰国通货膨胀率超过 10％；1998 年俄罗斯金融危机后，卢布大幅贬值，通胀率高达 38.4％；自 2009 年 3 月美联储实施了所谓"印钞票"的量化宽松货币政策之后，物价明显上涨，通货膨胀压力加大②，同时还导致众多其他国家通胀压力提升，资产价格泡沫化风险加大。2011 年美国、欧洲的 CPI 都达到了近年的高位。期间，中国虽然实现了"保 8"的增长目标，但银行释放过多的流动性资金注入到市场，导致物价上涨，通胀率居高不下，资产泡沫风险日益凸显。CPI 同比增速由 2010 年 9 月的 3.6％一路升至 2011 年 7 月 6.5％的高点，直到 2012 年 CPI 同比增速才回落，但依然在高位上小幅增长，物价很难再回到前几年的水平③。此外，不少国家还出现了资产泡沫风险。虽然危机期间的货币政策为刺激各国经济复苏发挥了至关重要的作用，但与此同时，针对危机救助所实施的"迫切时期"的危机救助货币政策，在危机后一段时间内不断显现出诸多负效应。

危机救助过程中，各国央行在常规货币政策无效的情况下，在货币政策方面突破了常规思路，实施了非常规货币政策，直接向市场注入流动性资金。尤其是 2008 年金融危机救助中，各国货币政策操作不论是在最后贷款人的职能范围内使用诸多创新货币政策工具，还是在国际合作协同救助方面都有较大的突破，并且取得了良好的效果。就目前而言，全球范围内需求依然较低，

---

① 姚淑梅. 国际金融危机的演变与中国的应对 [M]. 北京：人民出版社，2010：52.

② 陈宁，赵三英，李秀婷. 危机救助货币政策实施的国际研究总结与启示 [J]. 经济界，2013 (4)：23.

③ 数据来源：国家统计局网站.

就业形势不容乐观，经济复苏的基础尚未稳固。

在危机救助货币政策实施后，随着金融机构信贷传导机制的恢复，过剩的流动性不断溢出到他国，导致诸多国家通胀压力明显提升，有些国家甚至出现了资产泡沫风险。特别是，危机发生国在此时通常处于高负债水平时期，只好维持低利率，以便担负债务高额的利息支出，并成为继续实施危机救助时期的非常规货币政策的一个由头。在国际经济背景下，大量国际游资的流入，不但有损于率先摆脱危机影响的发展中国家和地区经济增长，而且不利于全球经济的实质性复苏。历次金融危机的教训和当前面临的"困境"均表明，当前最重要的不再是如何扩张货币供给、维持低利率，更重要的是重新认真审视危机救助时期及危机后仍然在继续实施的非常规货币政策，以消除或减轻资产泡沫风险和通货膨胀等负效应。在未来，金融危机的爆发是不可避免的，为此，如何协调经济复苏和物价稳定的关系，提高危机救助货币政策正效应，防止危机救助货币政策实施后物价波动、资产价格泡沫化等负效应的出现成为关键。

为此，针对以上问题至少有3点值得进一步研究：

第一，危机救助货币政策实施中经济复苏与物价稳定的目标如何协调？

第二，针对危机后面临的负效应，货币政策如何调整更合理？

第三，从长期看，在未来不可避免的危机中，危机救助货币政策如何通过选择政策工具、实施时间、控制调控力度和节奏，实现经济复苏和物价稳定间"刀锋上的均衡"？

在当今经济全球化深入发展、国与国之间相互依存程度日益紧密的大背景下，任何国家都不可能独善其身，由任何国家引发的经济金融危机都会不可避免地扩散至其他国家。为此，重新审视危机救助货币政策以及危机救助中宏观经济指标之间的协调之道，全面而深入地分析以往几次典型的金融危机救助中主要发达国家和发展中国家危机救助货币政策的实施及其产生的经济增长效应、就业效应和通胀效应，并进行国际比较，总结出有益的经验和引以为戒的教训，将对发展和完善危机救助货币政策理论，提高未来危机救助货币政策的实施效果具有非常重要的指导意义。

深入分析各国危机救助货币政策的实施，虽然在经济复苏上取得了显著成效，但是通货膨胀的压力和资产泡沫风险仍然存在。为此，在实施危机救助货币政策的同时，如何协调好经济复苏和物价稳定二者之间的关系是各国

3

央行所面临的重大课题。然而，国内外已有的文献更多的是侧重于常规货币政策效应的研究，而对危机救助货币政策的效应缺乏深入系统的研究，这无疑为本书的研究提供了空间，这也是本书研究的意义所在。本书对1992—2012年主要发达国家和发展中国家危机救助货币政策的增长（经济增长和就业增长）效应和通胀效应进行了研究。

本书针对20世纪以来的几次典型的、具有溢出效应的国际金融危机救助中一些国家实施危机救助货币政策后出现的物价攀升，通货膨胀压力明显增强，资产泡沫风险加大等现实问题，基于货币政策相关理论，从协调经济复苏和物价稳定的角度，比较分析了几次国际金融危机发生的主要发达国家和发展中国家危机救助货币政策的增长效应和通胀效应。在对主要发达国家和发展中国家危机救助货币政策的增长效应和通胀效应进行定性分析的基础上，进一步对以上几次国际金融危机发生和波及的主要国家，危机救助货币政策的增长效应和通胀效应，进行了静态和动态的实证研究，并从中总结出一些值得借鉴的有益经验和引以为戒的教训。实证结论结合各国危机救助货币政策制定和执行的实际情况，探寻协调经济复苏和物价稳定关系的危机救助货币政策路径，为完善和发展危机救助货币政策提出参考性建议。为此，本书主要包括以下6个方面的内容。

第一部分，绪论。具体而言，首先，从金融危机后各国经济陆续复苏，而当前又面临比较突出的危机"后遗症"，如物价居高不下，通货膨胀形势依然严峻，资产泡沫风险加大等现实问题出发，表明研究危机救助货币政策的增长效应和通胀效应的重要意义。其次，对国内外关于危机救助货币政策效应的相关研究进行了综述。最后，介绍了本书研究的主要内容、研究方法、成文思路、结构框架、创新与不足。

第二部分，危机救助货币政策的相关理论与机制分析。如何进行金融危机救助，一直以来是宏观经济争论的热点问题，不同学派对此有不同的主张。第二部分首先对凯恩斯学派、新古典综合派、货币主义学派、理性预期学派、新凯恩斯学派关于危机救助货币政策的不同观点进行分析，并进行了简要的评析。在此基础上，深入分析了危机救助货币政策的目标、工具和传导机制，为后续章节的研究奠定了理论基础和依据。

第三部分，发达国家危机救助货币政策及其效应。主要分析了2008年全球金融危机和2010年欧债危机救助中，美国以及欧盟主要成员国英国、德

国、法国、希腊等危机救助货币政策的实施及其产生的经济增长效应、就业效应和通货膨胀效应。在运用统计数据、图表进行系统分析的基础上，展开了简要的评析，并对上述发达国家危机救助货币政策及其效应进行了简要的比较分析。

第四部分，发展中国家危机救助货币政策及其效应。对亚洲金融危机和拉美几次主要的金融危机中主要发展中国家危机救助货币政策及其产生的经济增长效应、就业效应和通货膨胀效应进行了分析。同样，在运用具体的统计数据、图表进行系统分析的基础上，对东亚主要成员国中国、泰国、马来西亚、印度尼西亚、韩国①，以及拉美主要成员国墨西哥、阿根廷、巴西等发展中国家危机救助货币政策及其效应进行了比较分析，并进一步对上述发展中国家和第三部分中分析的发达国家危机救助货币政策及其效应进行了比较分析。

第五部分，危机救助货币政策效应的实证分析。本书对以上几次国际金融危机发生和波及的主要发展中国家和发达国家危机救助货币政策变量与GDP增长率、CPI和就业率波动的关系进行了量化分析，研究危机救助货币政策对经济增长、通货膨胀以及就业是否有影响及影响程度如何的问题。在经济分析中，比较常用的线性模型是多元回归模型，金融危机救助的货币政策变量与GDP增长率、CPI和就业率波动的关系是典型的线性问题，而且本书对1992—2012年主要国家危机救助货币政策的经济增长效应、就业效应和通货膨胀效应进行了考察。因此，运用静态面板估计方法和动态面板GMM（广义矩估计）模型可以较为准确地描述危机救助货币政策的上述效应。

第六部分，危机救助货币政策的国际经验总结和政策建议。"前车之覆，后车之鉴"，深入总结和归纳上述几次典型的国际金融危机救助中，主要发达国家和发展中国家危机救助货币政策实施的经验和教训，并从中得出启示，结合实证结论，从货币政策的调控目标、操作工具选择以及实施的时间、强度、节奏和转变的条件等方面，对发展和完善危机救助货币政策理论以及健全金融体系提出了参考性建议。

此外，本书主要有以下3个创新点。

---

① 按历史和1997年亚洲金融危机发生的时间分，中国、泰国、马来西亚、印度尼西亚、韩国都属于发展中国家。

从研究视角来看，本书不同于以往的研究，更侧重从协调经济复苏和物价稳定二者关系的角度，研究危机救助货币政策的经济增长效应、就业效应和通胀效应。

从研究范围来看，本书从横向和纵向两个角度系统地比较分析了1992—2012年几次典型的国际金融危机救助中，主要发达国家和发展中国家危机救助货币政策及其产生的经济增长效应、就业效应和通货膨胀效应。在此基础上，用具体数据和图表对危机救助货币政策的经济增长效应、就业效应和通货膨胀效应进行了系统分析，并分别对主要发达国家和发展中国家危机救助货币政策及其产生的上述效应进行了简要的比较分析。

从研究方法来看，本书建立了静态面板估计方法和动态面板GMM（广义矩估计）模型，以1992—2012年主要发达国家和发展中国家为研究对象，分别实证分析了25个样本国家危机救助货币政策变量与GDP、CPI和就业率的波动关系，并比较分析了实证结论和第三部分、第四部分的定性分析结论。

在此基础上，对危机救助货币政策的实施及其效应进行了国际经验总结，得出了一些有益的经验和引以为戒的教训。针对得出的经验和教训，结合实证结论，对未来危机救助货币政策的发展和完善提出了参考性建议。

目　录

1 绪论

1.1 研究背景及研究意义

时至今日，席卷全球的国际金融危机已经结束了，但此次波及范围最广、冲击最大、影响最深的国际金融危机给各国带来的危害，并没有随各国经济的陆续复苏而销声匿迹，危机的"后遗症"依然存在。为此，国内外学者在研究本次危机相关问题的同时，开始比较本次危机与以往危机之间的异同。回顾金融危机史，发现自20世纪以来，具有明显溢出效应，称得上是国际金融危机的主要有以下几次金融危机：1994年墨西哥金融危机、1997年亚洲金融危机、1998年俄罗斯金融危机、1999年巴西金融危机、2000年阿根廷金融危机、2008年全球性金融危机[①]，以及2009年始于希腊至今尚未消退的欧洲债务危机。纵观历次国际金融危机后各国经济表现，虽然通过实施危机救助的政策措施后都实现了经济复苏的目标，但也带来了不少负面影响。尤其是，危机救助货币政策的负效应更加突出，如物价上涨、通货膨胀压力加大、资产价格泡沫化风险突出等问题。其中，1994年墨西哥金融危机后，墨西哥通胀率超过了50%[②]；1997年亚洲金融危机后，泰国通货膨胀率超过10%；1998年俄罗斯金融危机后，卢布大幅贬值，通胀率甚至高达38.4%[③]；2008年国际金融危机中，自美国2009年3月实施俗称为"印钞票"的危机救助货币政策以来，也出现了明显的通胀迹象，2011年美国、欧洲的CPI都达到了近年的高位。期间，中国虽然实现了"保8"的增长目标，但银行释放过多的流动性注入市场，导致物价上涨，通胀率居高不下，CPI同比增速由2010年

---

① 姚淑梅. 国际金融危机的演变与中国的应对 [M]. 北京：人民出版社，2010：52.
② 田春生. 国际金融危机理论与显示的警示 [M]. 北京：中国人民大学出版社，2010：94.
③ 邢天才. 20世纪金融大危机 [M]. 西安：陕西人民出版社，2010：124；139.

9 月的 3.6%一路升至 2011 年 7 月 6.5%的高点，直到 2012 年 CPI 同比增速回落，但依然在高位上小幅增长，物价很难再回到前几年的水平①。此外，不少国家还出现了资产泡沫风险。

在发生金融危机的情况下，真实产出萎缩，失业率大幅上升，政府常采取一定的危机救助措施，无论是实施财政政策、货币政策，还是产业政策，或是多种政策的组合实施，都会将刺激经济复苏和促进就业放在政策目标的首位。为了实现经济的快速回升，自 20 世纪末以来，货币当局通常实施以非常规的货币政策为主的危机救助政策。

在危机救助过程中，各国一般实施危机救助货币政策的同时，配合实施积极的财政政策和货币政策。在货币政策方面，各国央行除了大幅降低利率外，多数国家突破了常规思路，实施了非常规货币政策，直接向市场注入流动性。因为，在比较严重的金融危机中，常规货币传导机制受阻，常规货币政策已无实施空间②。在常规货币政策失效的前提下，财政政策达不到调控效果时，货币当局只能采取非常规货币政策，通过调整其资产负债表规模和结构，从而调整经济流动性或金融结构来刺激经济复苏。尤其是，在 2008 年金融危机救助期间，各国货币政策操作不论是在最后贷款人的职能范围内非常规货币政策工具的使用，还是在国际货币政策的协调方面，都有不同程度的突破，取得了良好的效果。

然而，危机救助货币政策实施后，具体表现是伴随着多数国家经济的陆续复苏，都会出现物价攀升、通货膨胀压力上升、资产泡沫化风险凸显、金融市场不稳定、经济波动加剧等现象。更糟糕的是，危机发生国在此时往往处于高负债水平时期，为了负担债务高额的利息支出，不得不将利率维持在低位，并成为继续实施危机救助时期的非常规货币政策的一个由头。在国际经济背景下，大量国际游资的流入，不仅对率先摆脱危机影响的发展中国家和地区经济增长不利，对全球经济的实质性复苏同样不利。目前来看，全球范围内经济复苏的基础仍然不够稳固，并且随着金融机构信贷传导机制的恢复，流动性必将进入市场，中长期内多数国家面临着巨大的通胀压力和资产泡沫化风险。

---

① 数据来源：国家统计局网站。
② 零利率下限问题是非常规货币政策产生的前提，是零利率下限限制了常规货币政策的使用空间。

2

总体上看，危机救助货币政策对实现救助目标具有重要的积极作用，能有效抑制危机加深程度，促进经济的复苏，增加就业，但通常会出现明显的物价波动、通货膨胀压力提升及资产价格泡沫化风险等现象。针对金融危机时期所实施的"迫切时期"的危机救助货币政策，在危机后一段时间内负效应不断显现的问题，历史的经验教训和当前面临的"困境"均表明，对于危机发生和波及的国家而言，最重要的不再是如何实施危机救助的货币政策，而是重新认真审视该政策，在实施危机救助货币政策的条件下协调好经济复苏和物价稳定的关系，防止经济复苏后出现通货膨胀、资产价格泡沫化等负效应。为此，对危机救助货币政策及其效应的研究被提到议事日程上来。

在当今经济全球化深入发展、国与国之间相互依存程度日益紧密的大背景下，任何国家都不可能独善其身，1992 年以来发生的以上几次金融危机不可避免地都扩散至其他国家，对其他国家产生了很大的影响。深入分析各国金融危机救助货币政策的实施及其效应，虽然在经济复苏上取得了显著成效，但也出现了通货膨胀压力上升和资产泡沫化的风险。为此，通过危机救助货币政策的实施，协调经济复苏和物价稳定二者之间的关系成为各国央行所面临的重大课题。然而，国内外已有的文献更多的是侧重于常规货币政策效应的研究，而对危机救助货币政策的效应缺乏深入系统的研究，这无疑为本文研究提供了空间，这也是本书的意义所在。本书对 1992—2012 年主要发达国家和发展中国家危机救助货币政策的增长（经济增长和就业增长）效应和通胀效应进行了研究。

1.2 国内外研究综述

1.2.1 国外相关研究综述

1. 危机救助货币政策的效应研究

（1）危机救助货币政策的增长效应研究

对于危机救助货币政策的增长效应，国外学者从理论和实证两个方面进行了研究。

对危机救助货币政策的增长效应从理论方面进行的研究如下。

弗里德曼（Friedman，1956）等提出以货币供给量为中介的传导理论，指出货币供应量的变动是物价波动以及经济波动的决定因素，而利率、信贷流量、自由准备金等因素在货币传导机制中的作用很小，他们认为货币需求

的利率弹性很小，因价格粘性，货币供应量的变化能够在短期内对实际经济产生较大影响，货币供应量的变动能最真实地反映出货币政策的有效性。弗里德曼（Friedman，1963）认为货币政策对国家宏观经济的调控至关重要，尤其是在金融危机期间，实施正确的货币政策措施会有效抑制危机的蔓延，促进经济尽快复苏。巴罗（Barro，1984）等人通过研究货币政策效应，得出了货币政策对经济有效的结论，指出在货币政策效应中，对通货膨胀的理性预期有很重要的作用，并表明通过以银行贷款量为中介目标的货币政策调控，可以达到实现最终目标的预期效果。施瓦兹（Schwartz，1995）认为在危机期间，央行直接给金融市场提供紧急流动性资金，而不是提供给受困银行，因而发挥了最后贷款人的作用。在金融危机期间，金融市场动荡的情况下，再贴现贷款是成本最小的危机救助措施。克鲁格曼（Krugman，1999）指出实施扩张性的货币政策，增加货币供给是经济增长的促动因素，为此，宽松的货币政策是危机救助的有效措施。埃格特森和伍德福德（Eggertsson，Woodford，2003）认为危机救助的宽松货币政策能影响公众对于利率的预期，降低无风险利率，可以在一定程度上防止信用风险扩散，进而抑制危机的恶化。而实施危机救助的宽松货币政策后，短期名义利率水平接近于零，导致传统货币政策工具空间受到压缩，因此伯南克和莱因哈特（Bernanke，Reinhart，2004）等学者提出了危机救助的非常规货币政策，包括建立利率预期效应，改变央行资产负债表结构或扩大其规模等，他们认为非常规货币政策在金融危机救助中对经济复苏更有效。米什金（Mishkin，2009）从理论角度论证了货币政策在金融危机期间更有效，认为通过积极宽松的货币政策可以抵消金融混乱对总体经济活动的负面效应，有利于促进经济的复苏。伯南克（Bernanke，2009a）认为美联储危机救助的货币政策既缓解了危机对经济的深度冲击，又减少了危机的负效应。李嘉图（Ricardo，2010）总结分析了所有的非常规货币政策，结果表明美联储综合采用利率政策和量化宽松政策以及信用政策在短期内取得了显著的效果，有效地促进了经济的复苏和就业的增加。

对危机救助货币政策的增长效应从实证方面进行的研究如下。

米什金（Mishkin，2009）通过实证研究发现，定期拍卖融资便利和一级交易商信贷便利，以及定期债券借贷等非常规的货币政策工具，对金融危机的缓解起到了一定的作用。然而，也有学者认为危机救助货币政策是无效的。

在早期，凯恩斯（Keynes，1936）认为在存在"流动性陷阱"的大萧条时期，货币政策无效。卢卡斯（Lucas，1970）认为主动的、相机抉择的货币政策是无效的。相反，认为在理性预期的情况下实行单一的、货币供应年增长率不变的货币政策是最有效的。同时，认为扩张性货币政策反复推行时，它不再能实现自己的目标，推动力消失了，对生产没有刺激作用，期望生产能扩大，但结果却是通货膨胀。因此，政府唯一的目标是确立最理想的一般物价水平，防止和减少通胀。托马斯等（Tomasz Lyziak 等，2011）通过研究短期信贷工具与违约风险的相关性，发现美国实施的危机救助货币政策的创新型货币工具没有起到金融危机救助的作用，对美国经济的复苏和就业的增加是无效的。

分析以上国外学者关于危机救助货币政策增长效应研究，只有少数学者对此持有不同的观点，多数学者认为危机救助的货币政策有效抑制了危机的恶化，促进了经济的复苏和就业的增加。

（2）危机救助货币政策的通胀效应研究

国外学者对于危机救助货币政策的通胀效应，也从理论和实证两个方面进行了研究。

对危机救助货币政策的通胀效应从理论方面进行的研究如下。

早在 1911 年菲什（Fiche）就认为货币供给量的增加会导致资产价格的上升，进而引起消费品价格的攀升。弗里德曼和施瓦兹（Friedman，Schwartz，1963）也同样认为货币供应量的变动是通货膨胀以及经济波动的决定因素，货币供应量的变化将最终体现在物价的变化上。怀特（White，2006）认为应该使用货币政策来应对信贷、资产价格、投资周期性波动引起的日益严重的金融失衡，但当前货币政策框架下以调整利率为主的货币政策操作并非是解决信贷扩张、资产价格泡沫的最佳方式，为此有必要调整当前货币政策框架。最优货币政策框架除了在金融危机期间能减缓冲击外，还能在危机前制约风险和泡沫的累积。博里奥和洛（Borio，Lowe，2002）通过对以往经济危机进行对比，发现各次危机之前都不约而同地存在信贷及资产价格增长的现象，而且还出现资产泡沫、膨胀和泡沫最终破灭的规律。他们认为各次危机发生之前的物价波动，通货膨胀压力加大都与之前实施不当的货币政策有着密不可分的关系。莱因哈特和罗格夫（Reinhart，Rogeff，2008）通过比较危机发生前几年与以往世界上发生的几次重大国际金融危机期间的经济、金融数据，发现各次危机都具有资金流入、物价上涨、债务累加等共同之处。特里谢等

（Trichet，等，2009）主张将物价稳定和金融稳定一并列入货币政策的目标之中，并对物价采取逆周期的货币政策，防止资产价格泡沫的产生以及破裂，减少发生高成本金融不稳定的可能性。托马斯等（Tomasz Lyziak 等，2011）通过实证研究发现，美国实施危机救助货币政策后，货币供给量的变动是通货膨胀以及经济波动的决定因素。苏巴拉奥（Duvvuri Subbarao，2012）指出许多分析家认为非常规的货币扩张，特别是美联储将利率降至 0（ZLB）和后面用两轮"量化宽松"货币政策（QE），旨在恢复经济，促进金融稳定，但实际上埋下了通胀的种子，他认为由于宽松货币政策对通货膨胀的影响具有滞后性，美联储可能会过度放松货币政策，从而危及未来物价稳定。

对危机救助货币政策的通胀效应从实证方面进行的研究如下。

格若米查罗塞特（Geromichalosetal，2007）通过构建模型，发现资产价格与货币政策之间存在紧密的联系，也由此证明了美国房地产泡沫破灭而引发的次贷危机与美联储多年实施的不当货币政策密不可分。麦坎德利斯和韦伯（Mccandless，Weber，1995）对 110 个国家的数据进行了实证研究，结果表明货币供应量和通货膨胀存在强相关性。但在长期中，货币供给量的增加和实际产出之间并不相关，而与通货膨胀相关。显然，货币供应量的变化最终会引起物价的相应变动。伯南克（Bernank，1999）用 VAR 模型实证研究了美国物价水平和货币增长之间的关系，发现货币增长通过产出对物价产生作用，由于价格粘性的存在，使其效应在滞后一段时间之后才能体现在价格上。但这种影响长期而言始终存在，并且具有较强的持续性。阿达利德和德特肯（Adalid，Detken，2007）对近 20 个国家资产价格膨胀时期的实证研究发现，货币供给影响通常从资产价格逐步传递到消费价格的情况是不同的。在价格上涨期，货币供给的变化成为了引起房地产价格变化的主因。卡尔斯特姆和富斯特（Calstrom，Fuest，2007）利用带有价格粘性的一般均衡模型，从均衡稳定性角度研究货币政策是否应当应对资产价格的波动，认为央行考虑资产价格会降低其对通胀调控的效果而改革通货膨胀目标制，并指出多数国家都先后实行了明确或隐性的通货膨胀目标制，并成功维持了较低的通货膨胀率和稳定的经济增长。贝尔恩德和库特安（Bernd Hayo，Ali M. Kutan，2011）用 GARCH 模型，实证分析了 1998—2009 年影响美国商品价格波动的货币政策，发现美联储货币政策变动对经济带来的重大影响是大宗商品价格波动，而非常规货币政策措施的利率变动导致的市场反应是引起了更大的价

格波动。

然而，国外也有学者认为危机救助货币政策与通胀无关。宾纳和蒂诺（Binner，Tino，等，2010）的研究表明货币增长与通货膨胀之间不存在相关性。

综上所述，国外只有极少数学者认为危机救助的货币政策与物价波动无关，多数学者认为危机救助货币政策会引起物价波动，进而引起资产价格的波动，提升通货膨胀压力，并影响金融体系的稳定性。

2. 危机救助货币政策淡出和其他相关研究

（1）危机救助货币政策适时淡出的研究

迈克尔·博尔多（Michael Bordo，2009）通过对美国历次危机历史的研究，指出危机救助的量化宽松货币政策应该适时淡出，否则持续货币超发会加大通货膨胀风险。伯南克（Bernanke，2009a）认为危机救助货币政策实施后的货币超发可能会导致通货膨胀现象的发生。当信贷市场恢复正常，经济复苏时，产生通货膨胀的风险会大幅提升，建议适时退出危机救助的货币政策。米什金（Mishkin，2009）认为实施危机救助的宽松货币政策虽然能抵消金融危机对总体经济活动的负面效应，但危机时期实施宽松货币政策对物价波动产生的影响，会提升产生严重通货膨胀的风险，难以实现预期效果。因此，如果货币当局的目标是抵消金融危机带来的负面影响，则有必要采取比正常时期更激进、宽松的货币政策。托马斯·乔丹（Thomas Jordan，2012）指出应当评估宽松的货币政策和非常规措施，需要考虑的是其影响以及风险。使用常规和非常规措施使中央银行在防止全球经济卷入通缩和萧条方面有决定性贡献。货币政策不是无所不能的，并不能够解决所有的问题。宽松货币政策带来的风险除了通货膨胀外，另一个主要的区域公众关注的风险是中央银行资产负债表。他认为对于危机救助货币政策，保证价格稳定，仍然是必不可少的，指出危机后货币政策应该及时调整转向。西尔维亚·特莉丰诺娃（Silvia Trifonova，2012）通过分析货币政策在金融危机中的重要性及货币政策在金融危机救助执行中的经验教训，指出除了刺激经济复苏、稳定物价外，抑制通胀也应当作为危机救助货币政策的一个重要目标。奥特玛·伊兴（Otmar Issing，2011）通过对金融危机前后的货币政策进行批判性回顾，指出货币政策方法中忽视货币政策和资产价格之间的关系，会导致金融不稳定性。相比之下，像在欧洲央行实施的方法，则有助于防止这些潜在的、有害

的负面作用，因此可以促进金融稳定。卡尔·E. 沃尔什（Carl E. Walsh，2011）认为大国所采取的货币政策会造成极大的负外部性效应，并影响全球的通胀水平，这也显示出各国经济体日趋全球化。他指出，在后危机时代，央行货币政策的任务不仅仅是维护物价的稳定，还有其他的目标，包括通胀预期和实体经济的稳定，等等。

（2）最优危机救助货币政策和危机预防措施的研究

菲奥欧（Filho，2010）认为通货膨胀目标制提供了应对金融危机的工具，提供了广阔的宽松货币政策实施空间，其仍将是最优的货币政策选择。迪斯亚特（Disyatat，2010）从最优货币政策的角度研究了货币政策与金融失衡的关系，认为应当在央行目标函数中加入资产价格，这样才能更有效地促进金融稳定。乌利斯·沃尔兹（Ulrich Volz，2012）在国际货币基金组织（IMF）增加关注危机预防措施和 G20 讨论"全球安全网"的背景下，分析了国际货币基金组织所使用的措施在危机预防中的价值，特别强调了最近开发的灵活信贷额度（FCL）和预防性信用额度（PCL 最新）的作用。他指出，世界经济危机永远不会被免除，强化国际货币基金组织的危机预防工具包括通过创建 FCL，推动国际货币体系架构的重要性，正确激励各国保持强劲的宏观经济政策，利用有价值的货币政策工具，及时识别趋势和政策，如果监控有效，是理想的危机预防。

对危机救助货币政策的反思和调整问题比较系统的研究要属弗雷德里克·米什金（Frederic S. Mishkin，2011），他通过反思 2007—2009 年金融危机后的货币政策，总结、概述了有效货币政策的 9 个基本科学原则：①通货膨胀永远而且处处是一种货币现象；②价格稳定具有重要意义；③没有长期失业率和通货膨胀之间的权衡；④在宏观经济系统中，预期在确定通货膨胀和传递货币政策效应时发挥着至关重要的作用；⑤实际利率需要增加更高的通货膨胀，即泰勒原理；⑥货币政策的时间不一致性问题；⑦中央银行的独立性有助于提高货币政策效率；⑧承诺强劲的名义锚的核心是产生好的货币政策结果；⑨金融摩擦在商业周期中发挥着重要作用。

1.2.2 国内相关研究综述

1. 国内危机救助货币政策的效应研究

（1）危机救助货币政策的增长效应研究

国内学者对于危机救助货币政策的增长效应，也从理论和实证两个方面

进行了研究。

对危机救助货币政策的增长效应从理论方面进行的研究如下。

范从来（2000）认为宽松的货币政策总体上是有效的，在发生危机的时期，货币政策操作过程中对货币当局的要求更高。在《2008 年第二季度中国货币政策执行报告》中，中国人民银行货币政策分析小组从货币政策操作、宏观经济、金融市场、货币政策趋势和货币信贷状况 5 个方面，对危机时的货币政策进行了分析。结果表明，我国危机救助的宽松货币政策，对经济复苏有明显的效果。陆荣和王曦（2009）通过对中国危机救助货币政策效果的研究，发现该政策对经济的拉动具有重要作用。其中，信贷促进经济短期增长的作用是非常显著的。徐茂魁等（2010）通过研究中国危机救助货币政策效应，发现信贷扩张的货币政策比以增加货币供给为主的货币政策更有效，更有利于促进经济增长和就业的增加。张学勇等（2011）通过对中、美、欧盟在金融危机救助中的货币政策及其效果的研究，发现各经济体货币政策效果虽然存在差异，但总体上为各经济体刺激经济复苏起到了重要作用。国务院发展中心研究课题组（2009）也通过研究表明，我国适度宽松的货币政策在 2008 年金融危机的救助中起到了很大的作用。李亮（2013）认为在欧债危机中，欧洲中央银行运用危机救助的常规和非常规货币政策有效减缓了金融市场流动性紧张的状况，抑制了危机的恶化，但货币政策的长期有效性及其对经济发展的促进作用还有待考察。

对危机救助货币政策的增长效应从实证方面进行的研究如下。

李斌（2001）用向量自回归模型（VAR）通过实证研究发现货币政策刺激在短期内对实体经济有效而且可持续作用 3 年半之久，在长期对实体经济则无效，同时发现货币政策对物价、货币供给量和贷款等有持久作用。陆军等（2002）通过实证研究表明，中国货币政策显著促进了经济的持续增长。李沂、肖继五（2009）实证研究了 1997 年以来两次金融危机对我国经济的影响。通过对我国 1997—2009 年相关经济变量的比较研究，发现 2008 年的国际金融危机中我国采取的货币政策是有效的，只是消费和投资方面有些欠缺，所以他们建议我国应把拉动国内消费增长作为长期目标。卢君生（2010）对中国危机救助的货币政策效应进行了实证检验。结果表明，危机期间我国 M1增长率是 GDP 增长率的格兰杰原因，并指出中国危机救助货币政策对经济复苏的刺激作用效果显著。王伟（2011）实证研究了货币供给量和货币政策目

标变量、工具变量间的关系，发现在金融危机期间利率的效应逐渐加强，危机救助的货币政策效应虽然从长期来看并不显著，但在短期内是显著有效的。

与上述观点相反，国内也有学者认为危机救助货币政策无效。李济广（2012）用宏观经济数据实证分析了美国和中国危机救助的货币政策的效果，认为两国危机救助的扩张性货币政策总体无效。美国危机救助的量化宽松货币政策增加货币量的中间目标没有达到，降低利率的中间目标效果不显著，但形成了通胀预期、通胀压力和资产泡沫，旨在促进经济增长和增加就业的最终目标没有达到。中国经济未处于衰退时期，危机救助的扩张性货币政策在消费投资的短期拉动中起到了配合作用。但信贷过度膨胀，推动产能过剩，形成严重的通胀，对经济增长的作用具有不可持续性，他认为中国实施危机救助的适度宽松货币政策似乎得小于失。

综上所述，国内只有少数学者认为危机救助货币政策的实施得不偿失，而多数学者肯定了危机救助货币政策的增长效应，认为危机救助的货币政策有效抑制了危机，促进了经济的复苏和就业的增加。

（2）危机救助货币政策的通胀效应研究

国内学者对危机救助货币政策的通胀效应，也从理论和实证两个方面进行了研究。

对危机救助货币政策通胀效应从理论方面进行的研究如下。

瞿强（2007）认为货币政策不应该以任何方式直接干预资产价格，并将其纳入目标体系，认为应该努力促进物价的稳定。朱民（2009）认为应该有合理的整体框架来指导危机救助的货币政策和监管措施，以避免危机救助货币政策实施效果打折扣，以防给危机后的物价稳定和金融稳定及经济增长埋下隐患。刘胜会（2009）从央行资产负债表的视角研究了2008年金融危机中美国量化宽松的货币政策，发现美国危机救助的货币政策在刺激实体经济复苏、维护金融市场稳定等方面作用有限，反而不同程度地引起了物价的波动，提升了通胀压力。王永利（2010）认为金融危机救助的宽松货币政策向市场投放大量货币，虽然刺激了经济的复苏，但也带来了极大的负效应，流动性增加导致了物价上涨，通货膨胀压力不断增加。陈庆海（2012）研究发现美联储危机救助产生的通货膨胀压力在短期内并不明显，但从长期来看，美联储急剧膨胀的资产负债表加剧了通货膨胀风险。

对危机救助货币政策的通胀效应进行的实证研究如下。

刘斌（2002）通过实证研究发现，货币供应量的变化和物价的变化不管是在短期还是在长期都具有很强的相关性，货币供应量的变化将最终全部体现在物价的变化上。陈健等（2011）以 OECD 国家和金砖四国等为对象，用 SVAR 模型，以 1980 年第一季度至 2010 年第二季度的数据进行了实证研究，主要对全球货币供给对不同物价水平波动差异及全球经济增长稳定性的影响进行了分析，结果表明，全球范围内货币供给变化引起的相应不同物价水平变化对实体经济增长的影响具有明显差异。李连发、辛晓岱（2012）用 Svensson 模型和我国 1984—2011 年季度数据，分析了我国信贷扩张与产出和通胀的现状，发现信贷扩张之后，通胀上升压力会持续 1 年以上，而产出缺口扩大的趋势大约 2 年后才能消失，鉴于信贷扩张后通胀压力持续较久，信贷总量适度的逆周期变化有助于减小宏观经济的波动和减少相应的福利损失。初彦波、丁林涛（2012）从货币供应量的视角，实证研究了 2001—2011 年我国货币政策与物价稳定之间的内在影响关系，发现货币政策对物价水平存在着非线性、非对称性冲击效应。其中，货币供应量仍然是导致我国物价水平波动的重要原因。葛腾飞等（2013）用 2010—2011 年月度数据实证分析了中国在 2008 年金融危机后通货膨胀的原因，发现货币供给量过多、大宗商品价格上涨是此轮通货膨胀的显著原因。

相反，也有学者认为危机救助货币政策与通胀无关。王国刚（2009）认为货币增长与物价波动之间不存在相关性，货币供应对物价的调节作用并不显著，货币增长并不能很好地预测通货膨胀。

综上所述，国内只有少数学者认为危机救助的货币政策与物价波动不相关，多数认为因危机救助货币政策的实施而导致的"货币超发"是近年来物价大幅波动、通货膨胀压力增大的主要原因。

2. 危机救助货币政策适时淡出和调整的研究

国内学者针对危机后中国出现物价波动的现象，主要从危机救助货币政策的淡出和调整措施两个方面进行了研究。

（1）危机救助货币政策适时淡出的研究

任康钰（2009）认为中央银行在履行利用货币政策应对危机职责的同时也要考虑到"后危机"时期可能出现的通胀状况，并在货币政策上有所"预防"。苗永旺等（2009）认为当金融市场与实体经济好转后，如果美联储不能在合理期限内收回货币，回笼流动性，美国将会陷入大幅通胀和美元贬值的

窘境。张思成（2010）认为货币政策的现时变化通过影响上游价格进而传导到下游价格，这种间接的动态传导机制对通胀预测及货币政策制定具有重要启示。刘海莺、张华新（2011）认为我国实施的危机救助宽松货币政策为我国经济的快速复苏发挥了至关重要的作用，但导致物价日趋上升，通货膨胀压力日益严峻。为此应该随着时移而事易，调整危机救助的货币政策。李连发等（2012）认为危机期信贷扩张后通胀压力持续较久，信贷总量适度逆周期变化将有助于减小宏观经济的波动和稳定物价。

（2）危机救助货币政策调整措施的研究

林毅夫（1998）认为只有加强对金融体系的改革，不断完善银行监控体系，根除银行的不良贷款，才能避免金融危机爆发的风险。李稻葵（2012）认为未来的货币政策调控应更多关注资产价格，并利用加息来控制人们的通胀预期，保持汇率稳定。周小川（2012）认为后危机时期要适当调整货币政策，首先要防止通货膨胀，收回救助期间投放的过多的流动性；其次要着眼于中长期动态均衡，实施危机救助货币政策既要摆脱危机，促进经济复苏，又要预防和消除长期通货膨胀压力。何传添等（2013）认为当前欧美货币政策出现了由常规向非常规、由金融市场向实体经济、由有限向无限、由支持经济向为财政服务以及由降低风险向放大风险的五大令人担忧的转折，这一系列转变在短期内会对欧美经济产生一定的积极作用，但在长期内产生的负效应将远超于正效应，该转变对中国也产生了严重的影响。为此，中国应实行欧美的新币政策，以减小其不利影响。

国内学者针对危机救助货币政策效应相关问题进行了初步的研究。尽管在一些重大问题上尚未形成一致的意见，但在某些问题上基本达成了共识，即认为危机救助的货币政策对刺激经济复苏有着显著的作用，同时，危机时期急于刺激经济复苏而实施的危机救助货币政策会导致货币超发，引起物价上涨，通胀压力增大，在经济缓慢复苏的过程中应总结经验教训，适时调整货币政策转型。

综上所述，国内外学者的研究成果为危机救助货币政策的相关研究奠定了一定的基础，但已有研究中仍存在需要进一步拓展的空间。

第一，在研究内容方面，关于危机救助货币政策效应的研究尚未形成明确一致的观点，已有的文献通常只是针对某一国家或侧重于某一方面进行分析。

第二，在研究对象方面，特别是金融危机期间非常规货币政策的实施，主要基于发达国家和地区（美国、欧盟等），针对发展中国家危机救助货币政策的研究较少，而发达国家危机救助货币政策在发展中国家的适用性有待于进一步考察。

第三，在研究方法方面，国际危机救助货币政策及经济增长、就业增长、物价稳定的变量的测度量化及相关数据的收集存在难度，而且相关实证研究结论的稳健性有待验证。

基于此，本书将从危机救助货币政策协调经济复苏与物价波动关系的角度出发，来研究危机救助货币政策的经济增长效应、就业效应和通胀效应，探寻协调经济复苏与物价稳定关系的危机救助货币政策路径。

1.3 主要概念界定

1.3.1 金融危机与危机救助政策

1. 金融危机

在《新帕尔格雷夫经济学大辞典》中，金融危机的定义是指"全部或大部分指标——短期利率、资产（包括债券、房地产、土地）价格、商业破产数和金融机构倒闭数的急剧、短暂和超期的恶化[①]"。李晓西（2010）则结合广义和狭义两方面的内容给出了新的定义："金融危机是指一国持续性的货币贬值、金融机构倒闭、金融市场动荡、借贷资金枯竭引起的经济衰退并通过多种渠道传导到周边和与之经济紧密联系的国家，造成区域性和全局性的经济、金融指标（短期利率、货币资产、证券、房地产、土地价格、商业破产数和金融机构倒闭数）恶化[②]。"

本书所研究的金融危机，侧重于 20 世纪 90 年代以来对世界经济造成重大影响的几次国际金融危机。

2. 金融危机救助政策

金融危机救助政策的定义主要有以下几种。

孙颖（2010）认为"金融危机救助政策是指在金融危机时期，政府及其

---

① 新帕尔格雷夫经济学大辞典 [M]．中译本，1987：362.

② 李晓西．国际金融危机对中国经济增长和就业的影响及对策 [M]．北京：科学出版社，2010：38.

部门对金融机构、金融市场、实体经济所采取的一切直接和间接地维护金融体制与总体经济稳定的所有政策措施。简言之，即在金融危机发生过程中，为预防金融危机进一步恶化，由政府部门所采取的救助行动①。"

张荔（2011）定义了狭义的金融危机救助和广义的金融危机救助。狭义的金融危机救助是对银行体系的救助，即"当金融机构或金融市场出现流动性困难时，中央银行以最后贷款人的形式进行救助。广义的金融危机救助指全面救助②。"

骆克龙等（2010）认为金融危机救助是对发生危机的金融市场或者金融机构进行拯救，以恢复市场信心和金融机构的清偿能力、经营能力③。

综上所述，危机救助主要包括机构自救、市场化救助和政府救助。其中，机构自救主要指受危机困扰银行的发行股票、债券融资，裁员，非核心业务的剥离，调整资产结构及停止分红等救助措施。市场化救助则是依靠市场力量进行的救助，如市场自发的并购行为。政府救助主要是针对市场和结构的救助政策以及宏观经济复苏的政策、制度性措施等，具体而言，包括中央银行通过货币政策操作注入流动性、降低利率等；注资、国有化、不良贷款剥离、政府主导型并购等；增加政府支出、减税等措施④。

本书所研究的危机救助是针对危机救助的货币政策措施，仅指金融危机时期政府为刺激经济复苏所实施的货币政策及措施。因此，本书只研究主要危机国家货币政策的救助政策措施，分析危机救助的货币政策的实施情况及其产生的增长效应和通货膨胀效应。

1.3.2 危机救助货币政策

危机救助的货币政策包括金融危机救助期间实施的常规货币政策和非常规货币政策。

1. 危机救助的常规货币政策

在金融危机初期，多数国家实施降息的常规货币政策。随着危机的加深，金融市场流动性短缺压力提升，当利率降至零或接近零时，已无发挥作用的空间。此时，常规货币政策传导机制受阻，为了刺激经济的复苏，多数国家

---

① 孙颖. 金融危机政府救助：理论与实践 [D]. 沈阳：辽宁大学，2010 (6)：13.
② 张荔. 金融危机救助：理论与经验 [M]. 北京：中国金融出版社，2011：6-8.
③ 骆克龙，等. 美国金融危机救助经验及启示 [J]. 财经市场，2010 (3)：63.
④ 彭扶民. 银行危机并购的动因、风险与绩效研究 [D]. 成都：西南财经大学，2010：87.

不得已采取了危机救助的非常规货币政策。

2. 危机救助的非常规货币政策

国际清算银行经济学家博里奥和迪斯亚特（Borio，Disyatat，2009）将非常规货币政策称为"资产负债"政策，他们认为其与非常规货币政策利率政策的主要区别在于资产负债政策不具有垄断地位，而且可以在不影响短期利率的情况下独立实施，以调整流动性水平和中长期利率，进而影响最终产出水平。"非常规货币政策是指在常规货币政策失效的前提下，货币当局通过调整其资产负债表规模和结构，进而来调整经济流动性的政策①。"王亮亮、李明星、苗永旺等（2010）认为常规货币政策和非常规货币政策是相对而言的。在常规货币政策失效的情况下，非常规货币政策便成了央行进行危机救助的主要措施。非常规货币政策"是在没有降息空间或利率的市场传递机制严重受阻的情形下，央行通过调整资产负债表的结构或膨胀资产负债表的规模直接向市场注入流动性的行为，以保证在利率极低的情况下继续维持市场的流动性②。"

综合上述研究，本书认为危机救助的货币政策是在金融危机下，包括大幅降息的低利率常规货币政策和非常规货币政策。存在严重金融危机时，常规货币传导机制受阻，相关政策已无实施空间时③，危机救助通常以非常规货币政策为主，同时配合积极的财政政策和产业政策。非常规货币政策具体包括以下几个内容：第一，央行为了引导公众预期，首先要承诺维持低利率政策，其次要通过实行定量宽松或信贷宽松的货币政策增强其可信性；第二，央行为了降低市场上的风险溢价，修复短期利率与长期利率之间的转化机制，需要直接购买经济体中的问题资产；第三，央行为了缓解通货紧缩压力，采用非常规手段向市场持续注入大量流动性，并降低长期实际利率，同时配合实施财政政策等其他政策，实现经济复苏的目标。

1.3.3　危机救助货币政策的增长效应和通胀效应

李兴江（1995）认为货币政策的经济效应是货币政策通过利率和货币供

---

① 冯肖肖. 非常规货币政策研究 [D]. 广州：暨南大学，2011：14.
② 王亮亮，李明星，苗永旺. 非常规货币政策：理论、实践，效果和退出机制 [J]. 上海经济研究，2010（5）：32.
③ 零利率下限问题是非常规货币政策产生的前提，是零利率下限限制了常规货币政策的使用空间。

应量影响总需求，产生总需求与总供给趋向新的均衡的效果①。

温俞超（2009）认为货币政策效应是货币政策的执行和实施对经济社会产生影响的效果，即货币当局进行货币决策时，如何选择和实施货币政策，确定正确的货币政策目标，选择适当的货币政策工具，通过有效的货币政策传导机制完善宏观调控效果②。

陈庆吉（2008）认为货币政策的效应是指政府实施货币政策对就业与国民收入所产生的作用与影响③。在货币政策的研究中，如何反映和测度实施经济政策的效果是一个重要的理论与实践问题。货币政策的效果问题，直接关系到政府实施宏观经济政策的有效性，即直接关系到政府宏观调控目标实现的可能性以及实现的程度。

1. 危机救助货币政策的增长效应

（1）经济增长

经济增长是指在一定时期内经济体所生产的商品和服务的能力的增长，即实际国内生产总值的增长。换而言之，经济增长即社会物质财富不断增加的过程。

新经济增长理论的模型：

$$Y_t = f(K_t, N_t, L_t, A_t, S_t)$$

其中，K_t 表示资本存量，N_t 表示自然资源，L_t 表示劳动资源，A_t 技术知识存量，S_t 表示非经济变量和经济变量的影响，包含制度和激励机制（North，1991）、企业家才能配置的激励与规则等非经济变量对经济变量的影响。

本书中的经济增长效应仅指在金融危机期间，政府为刺激经济复苏而实施危机救助的货币政策后，对经济活动产生的促进作用，主要是最终产出的增加。

（2）就业的增长（就业率的上升）

虽然经济的增长不能保证会带来相应的就业增长，但经济增长是就业增长的基础条件，也是必要条件。众所周知，就业增长要依靠经济增长作保障，又依赖于就业弹性的变化。危机救助的货币政策最主要的目标是促进经济的

① 李兴江. 货币政策和财政政策的经济效应分析［J］. 财会研究，1995（10）：5.
② 温俞超. 金融危机时期的货币政策分析［D］. 长春：吉林大学，2009：16.
③ 陈庆吉. 财政与货币政策效果的测度研究［J］. 东北电力大学学报，2008（8）：26-30.

增长和就业的增加，而就业的增加各国常用就业率的上升来衡量。

就业率指就业人口占劳动人口的比率。就业率是用来衡量生产中的劳动产能的，它是反映一个国家或地区就业状况的主要指标。

就业率＝就业人数／（就业人数＋失业人数）

本书中的就业效应仅指在金融危机期间，政府实施危机救助的货币政策后，对就业的增加产生的促进效应。

2. 危机救助货币政策的通货膨胀效应

通货膨胀率是指货币超发部分与实际需要的货币量的比值。经济学上通货膨胀率为物价平均水平的上升速度；在实际中，消费者物价指数 CPI 是最能充分、全面反映通货膨胀率的价格指数。

本书认为，危机救助货币政策的通胀效应是指金融危机发生期间，政府为刺激经济复苏、增加就业而实施的宽松货币政策导致的货币超发而引起的物价持续大幅上涨的效应。

1.4 研究思路和主要内容

1.4.1 研究思路

本书以 20 世纪以来几次典型的、具有溢出效应的国际金融危机为背景，针对危机救助的货币政策实施后多国出现的物价攀升，通货膨胀压力明显增强，资产价格泡沫化风险加大等负效应，基于危机救助货币政策相关理论，从协调经济复苏和物价稳定关系的角度，比较分析几次国际金融危机发生的主要发达国家和发展中国家危机救助货币政策的效应，主要对美国、欧盟、亚洲和拉美危机救助货币政策的效应进行定性研究，并总结其经验和教训，再对以上几次国际金融危机发生的主要发达国家和发展中国家危机救助货币政策的增长效应和通胀效应进行实证研究，实证结论结合危机救助货币政策实施得出的国际经验和教训，对未来危机救助货币政策的发展和完善提出参考性建议。

成文具体研究思路如下。

第一，危机救助货币政策的理论基础部分，主要对各学派关于危机救助货币政策的不同观点进行系统的梳理和分析，并进行简要的评析。在此基础上，深入分析危机救助货币政策的目标、工具和传导机制。

第二，国际比较部分，主要分析发达国家和发展中国家危机救助货币政

策及其产生的增长效应和通胀效应，并进一步对发展中国家和发达国家危机救助货币政策及其效应进行比较分析。

第三，实证部分，建立静态和动态的实证模型，对上述危机发生的主要发达国家和发展中国家危机救助货币政策的增长效应和通胀效应进行实证研究。

第四，实证结论结合危机救助货币政策的国际经验和教训，对未来危机救助货币政策的发展和完善提出参考性建议。

按这一思路列出图 1－1。

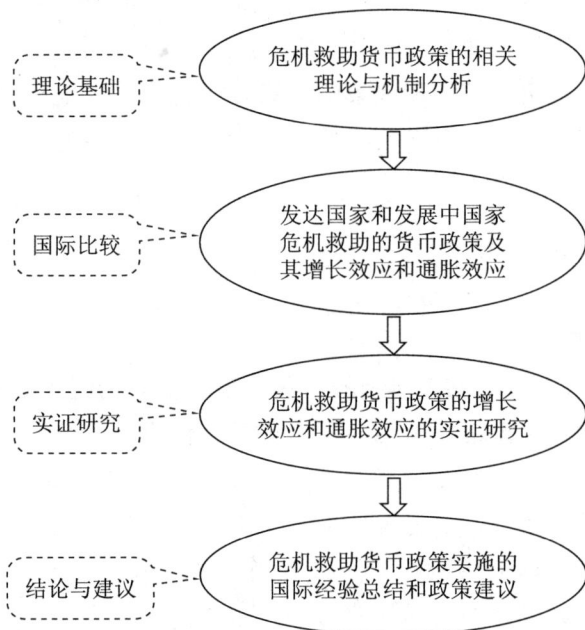

图 1－1　本书思路

1.4.2　研究内容

第一部分，绪论。具体而言，首先，从金融危机后各国经济陆续复苏，而当前又面临比较突出的危机"后遗症"，如物价居高不下，通货膨胀压力依然严峻，资产泡沫风险加大等现实问题出发，表明研究危机救助货币政策的增长效应和通胀效应的重要意义。其次，对国内外关于危机救助货币政策效应的相关研究进行了综述。最后，介绍了本书研究的主要内容、研究方法、成文思路、结构框架、创新与不足。

第二部分，危机救助货币政策的相关理论与机制分析。如何进行金融危机救助，一直以来是宏观经济争论的热点问题，不同学派对此有不同的主张。第二部分首先对凯恩斯学派、新古典综合派、货币主义学派、理性预期学派、新凯恩斯学派关于危机救助货币政策的不同观点进行分析，并进行了简要的评析。在此基础上，深入分析了危机救助货币政策的目标、工具和传导机制，为后续章节的研究奠定了理论基础和依据。

第三部分，发达国家危机救助货币政策及其效应。主要分析了 2008 年全球金融危机和 2010 年欧债危机救助中，美国以及欧盟主要成员国英国、德国、法国、希腊等危机救助货币政策的实施及其产生的经济增长效应、就业效应和通货膨胀效应。在运用统计数据、图表进行系统分析的基础上，展开了简要的评析，并对上述发达国家危机救助货币政策及其效应进行了简要的比较分析。

第四部分，发展中国家危机救助货币政策及其效应。对亚洲和拉美主要发展中国家危机救助货币政策及其产生的经济增长效应、就业效应和通货膨胀效应进行了分析。同样，在运用具体的统计数据、图表进行系统分析的基础上，对东亚主要成员国中国、泰国、马来西亚、印度尼西亚、韩国[①]，以及拉美主要成员国墨西哥、阿根廷、巴西等发展中国家危机救助货币政策及其效应进行了比较分析，并进一步对上述发展中国家和第三部分中分析的发达国家危机救助货币政策及其效应进行了比较分析。

第五部分，危机救助货币政策效应的实证分析。本书对以上几次国际金融危机发生和波及的主要发展中国家和发达国家危机救助货币政策变量与 GDP 增长率、CPI 和就业率波动的关系进行量化分析，研究危机救助货币政策对经济增长、通货膨胀以及就业是否有影响及影响程度如何的问题。在经济分析中，比较常用的线性模型是多元回归模型，金融危机救助的货币政策变量与 GDP 增长率、CPI 和就业率波动的关系是典型的线性问题，而且本书对 1992—2012 年主要国家危机救助货币政策的经济增长效应、就业效应和通货膨胀效应进行了考察。运用静态面板估计方法和动态面板 GMM（广义矩估计）模型可以较为准确地描述危机救助货币政策的上述效应。

---

① 按历史和1997年亚洲金融危机发生的时间分，中国、泰国、马来西亚、印度尼西亚、韩国都属于发展中国家。

第六部分，危机救助货币政策的国际经验总结和政策建议。"前车之覆，后车之鉴"，深入总结和归纳上述几次典型的国际金融危机救助中，主要发达国家和发展中国家危机救助货币政策实施的经验和教训，并从中得出启示，结合实证结论，从货币政策的调控目标、操作工具选择以及实施的时间、强度、节奏和转变的条件等方面，对发展和完善危机救助货币政策理论以及健全金融体系提出了参考性建议。

1.4.3　研究方法和数据来源

1. 研究方法

本书拟采用的主要研究方法如下。

（1）规范研究与实证研究相结合

本书在规范研究分析的基础上，为了使研究更具科学性、有据可依，采用了静态面板模型和动态面板 GMM 模型，对几次国际金融危机发生的主要发达国家和发展中国家危机救助货币政策的增长效应和通胀效应进行了实证分析。

（2）比较分析方法

比较分析法是经济学研究的常用方法。本书在有关理论阐述的基础上，采用比较分析的方法，将几次国际金融危机发生的主要发达国家和发展中国家危机救助货币政策及其效应进行比较分析，总结这些国家危机救助货币政策实施的经验及教训，从中得出启示，对未来危机救助货币政策理论的发展和完善提出参考性建议。

2. 数据来源

本书考察主要发达国家和发展中国家自 1992 年以来金融危机救助的货币政策变量及经济增长、就业增长和通货膨胀的数据。为了系统展现危机救助货币政策及其效应的动态变化，本书使用了 IMF 专家 Luc Laeven 和 Fabián Valencia（2012）的全球银行危机数据库统计的相关数据。

1.4.4　本书框架

本书框架如图 1-2 所示。

危机救助货币政策效应研究

↓

绪论

↓

危机救助货币政策的相关理论与机制分析

```
        ┌──────────────┬──────────────┬──────────────┐
        ↓              ↓              ↓
  危机救助货币政策的   危机救助货币政    危机救助货币
  相关理论：观点与分歧  策的目标和工具    政策的传导机制
```

发达国家危机救助货币政策及其效应

```
        ┌────────────────────┬────────────────────┐
        ↓                    ↓
  美国危机救助货币政策的实      欧盟危机救助货币政策的实
  施及其增长效应和通胀效应      施及其增长效应和通胀效应
```

发展中国家危机救助货币政策及其效应

```
        ┌──────────────┬──────────────┬──────────────┐
        ↓              ↓              ↓
  中国危机救助货      亚洲其他发展中      拉美发展中国
  币政策及其效应      国家危机救助货      家危机救助货
                    币政策及其效应      币政策及其效应
```

危机救助货币政策效应的实证分析

```
        ┌──────────────┬──────────────┬──────────────┐
        ↓              ↓              ↓
  模型的建立与分析     数据和变量选择     实证检验与结果分析
```

实证结论

↓

危机救助货币政策的国际经验总结和政策建议

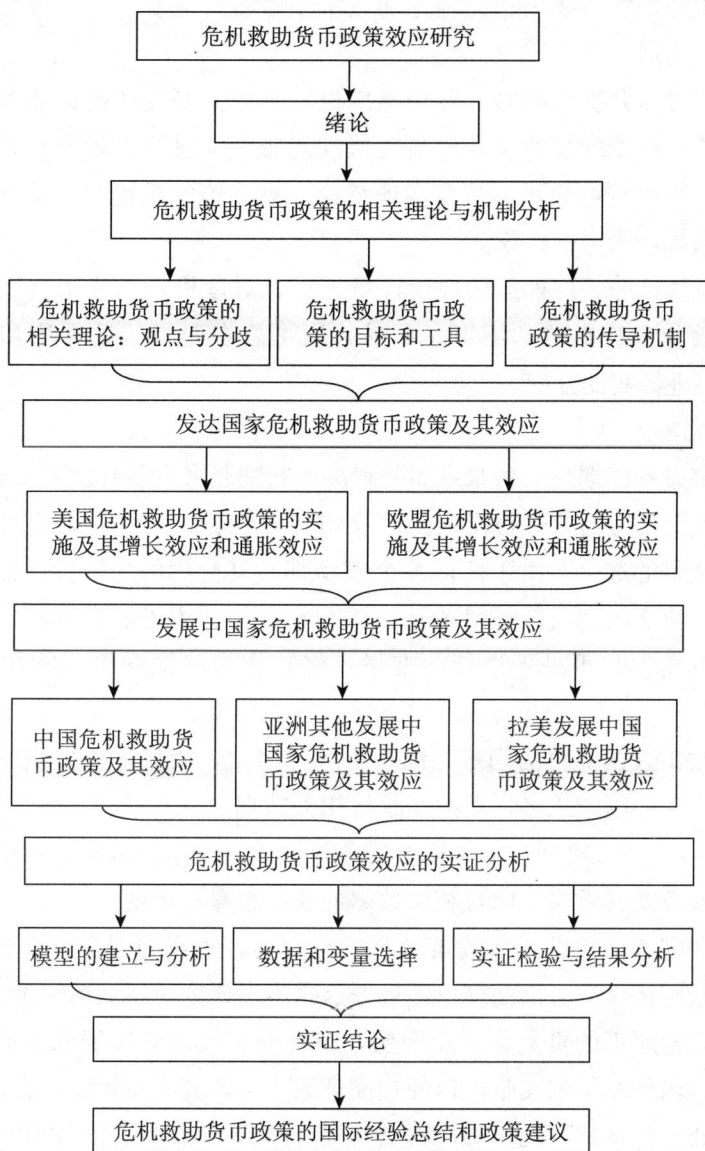

图 1-2 本书框架

1.4.5 研究重点、难点与解决思路

1. 研究重点

（1）从理论层面阐述危机救助货币政策的相关理论与机制，本书将在对

21

各流派危机救助货币政策相关理论和政策主张梳理的基础上，进行简要的评析和有益的拓展。

（2）通过对几次典型的国际金融危机发生的主要发达国家和发展中国家危机救助货币政策的实施及其增长效应和通胀效应进行比较分析，总结其经验和教训，得出有益启示，结合实证结论，对完善危机救助货币政策以及健全金融体系提出参考性建议。

（3）从实证分析层面运用现代计量模型，对危机救助货币政策的增长效应和通胀效应进行准确的测度。本书采用了静态面板估计方法和动态面板GMM模型进行实证分析。

2. 研究难点

在成书过程中遇到一些难点需要解决，归纳起来主要有以下3点。

（1）实证部分需要进行模型的建立与实证检验，其难点是模型的选择问题和虚拟变量的选择，由于任何一个模型都有其应用的局限性，为此在选择适当模型、建立模型与统计量筛选方面存在一定的困难，而所选样本国在此阶段内危机发生与否是不连续的变量，将其作为虚拟变量只能用0和1来度量。

（2）收集数据资料的困难。纵观世界经济史，历次危机发生的年代之久远，危机发生的国家之多，显然在收集相关数据上存在相当大的困难。为此，只能考察1992—2012年发生国际金融危机的主要发达国家和发展中国家危机救助货币政策及其效应，而且相关数据的获取也存在难度。

（3）研究危机救助货币政策效应，需要具有坚实的宏观经济学、国际金融学和计量经济学等方面的理论基础，这是本书研究中遇到的困难之一。

针对理论层面的重点、难点问题，在补充相关理论知识的基础上，需要大量阅读国内外相关的文献，以便提高理论水平，充实路径设计方面内容。

针对研究样本选择的困难，本书选择1992—2012年几次国际金融危机发生的主要发达国家和发展中国家为研究对象，并尽量使研究具有代表性。

针对模型困难，要进一步学习计量经济学、统计学的相关知识，阅读国内外高水平文献，以便选择适当的模型且认真分析统计量的含义，筛选适当的统计量建模。与此同时，尽量利用全球银行危机数据库统计的相关数据，结合相关统计年鉴和图书馆数据库，大量阅读相关文献，以便拓宽数据来源，统一数据指标口径。

1.5 主要创新点和不足

1.5.1 本书的主要创新点

1. 从研究视角来看

本书不同于以往的研究，更侧重从协调经济复苏和物价稳定二者关系的角度研究危机救助货币政策的增长效应和通胀效应。

2. 从研究范围来看

本书从横向和纵向两个角度系统地比较分析了 1992—2012 年几次典型的国际金融危机发生的主要发达国家和发展中国家危机救助货币政策的实施及其产生的增长效应和通货膨胀效应，在此基础上总结出了国际经验和教训。

3. 从研究方法来看

本书建立了静态面板模型和动态面板 GMM（广义矩估计）模型，对 1992—2012 年主要国家金融危机救助货币政策的增长效应和通货膨胀效应进行了实证分析，并比较分析了实证结论与实践效应结论。

1.5.2 本书不足之处

本书致力于研究金融危机救助货币政策的效应（增长效应和通胀效应），但纵观世界经济史，危机发生的国家之多，历次危机发生的年代之久远，限于相关文献和数据收集的困难，只能考察几次典型的国际金融危机发生的主要发达国家和发展中国家危机救助货币政策的效应，难免考察不全面、分析不透彻，有待于以后进一步研究。

目前，金融危机对全球的影响并未完全消失，随着金融危机后期货币政策实践的不断创新、完善，对金融危机后政府货币政策优化的理论研究也应进一步深入，本人将在今后的研究中继续加以完善。

2 危机救助货币政策的相关理论与机制分析

如何对金融危机进行救助，一直以来是宏观经济争论的热点问题，不同的学派对此有不同的观点。本章首先对凯恩斯学派、新古典综合派、货币主义学派、理性预期学派、新凯恩斯学派关于危机救助的不同观点进行分析，并在此基础上深入分析危机救助货币政策的工具和传导机制，为后续章节的研究奠定理论基础和依据。

2.1 危机救助货币政策的相关理论：观点与分歧

2.1.1 凯恩斯学派关于危机救助货币政策理论的主张

1929—1933 年的经济大萧条，使凯恩斯学派应运而生。凯恩斯（1936）在《就业、利息和货币通论》（以下简称《通论》）中提出了有效需求理论。有效需求是指商品的总供求价格达到均衡时的社会总需求，是实现充分就业时的需求，由投资需求和消费需求构成。在凯恩斯看来，在缺乏管制的市场经济中，有效需求往往不足。因此，市场很难实现充分就业的均衡。为此，必须抛弃自由放任的传统政策，通过刺激性的财政政策和货币政策实现充分就业均衡。

凯恩斯认为，20 世纪 30 年代的经济大萧条中由于有效需求不足，引发大量失业。而有效需求的不足则是由边际消费倾向递减、流动性偏好和资本边际效率递减三大心理规律所决定的，危机爆发的主要原因是资本边际效率的突然崩溃。凯恩斯认为，货币需求由两部分组成：一是出于谨慎动机和交易动机的流动偏好所需要的货币量；二是由投资动机的流动偏好所需要的货币量。而货币的供给由货币当局决定，用以满足上述两部分需求。利率由流动偏好和货币供给量决定，当货币供给量不变时，利率取决于流动偏好的强弱；当流动偏好不变时，利率取决于货币供给量。

　　凯恩斯在《通论》中强调利率作为货币政策中介的重要性，这和他本人以往的观点及其他传统经济学的利率理论有所不同。传统经济学的利率理论认为，利率是由储蓄和投资决定的，当储蓄大于投资时，利率就会下降，而当储蓄小于投资时，利率就会上升，利率的这种完全伸缩能力会实现充分就业的均衡。凯恩斯则认为，利率由货币需求和货币当局控制的货币供给共同决定。因为储蓄和投资相等的均衡利率，不一定是充分就业的利率水平，也即储蓄和投资相等时，总产量达到均衡状态，但是不等于实现了充分就业。

　　关于如何刺激经济复苏，凯恩斯提出了如下政策主张。

　　(1) 和消费需求相比，凯恩斯更重视投资需求对经济的刺激作用。凯恩斯认为，边际资本效率的突然崩溃导致危机的爆发。因此，要刺激经济复苏，首先要恢复资本边际效率，但"要使资本边际效率恢复，并不容易，而且决定资本之边际效率的，乃是不受控制、无法管理的市场心理"[1]。基于市场信任感恢复尚需时日，在这种情况下，为了"避免就业之剧烈变动"，不能把"投资量之职责放在私人手中"[2]，必须把投资量交由社会去控制，通过一系列政策刺激投资。

　　(2) 为了刺激经济复苏，实现充分就业，要同时刺激消费需求和投资需求。凯恩斯认为，当大危机使资本边际效率下降剧烈时，必然也会带来边际消费倾向下降，在这种情况下，"最好的办法是由社会来控制投资量，让资本边际效率逐渐下降，通过各种政策增加消费倾向"。在危机期间，政府可以通过"改变财税体系、限定利率以及其他办法，指导边际消费倾向"[3]，但"不管用何办法操纵投资，充分就业依然难以维持，因此，应同时使用增加投资和提高消费的措施"[4]。

　　(3) 财政政策对于刺激经济复苏比货币政策更有效。为了刺激投资，可以降低利率，但"利率降至某种水准时"，"灵活偏好可能变成几乎绝对"，在这种情况下，"因利息收入太低，故几乎每个人宁愿持有现金，也不愿意持有债务票据。此时金融当局对于利率即无力再加控制"[5]，即出现流动陷阱时货

①　凯恩斯. 就业、利息和货币通论 [M]. 北京：商务印书馆，1983：273-274.
②　凯恩斯. 就业、利息和货币通论 [M]. 北京：商务印书馆，1983：270.
③　凯恩斯. 就业、利息和货币通论 [M]. 北京：商务印书馆，1983：326.
④　凯恩斯. 就业、利息和货币通论 [M]. 北京：商务印书馆，1983：281.
⑤　凯恩斯. 就业、利息和货币通论 [M]. 北京：商务印书馆，1983：290.

币政策失效。这意味着运用货币手段来解决经济危机是无效的，只能通过财政政策发挥作用。

（4）为了刺激经济复苏和充分就业，政府当局"必须密切关注贸易顺差。若贸易为顺差，又不太大，则颇有鼓励作用；若为逆差，则可能很快就会产生顽固的经济衰退"①。

（5）凯恩斯在《通论》中虽然没有系统地论述通货膨胀，这和当时经济大萧条时期价格有下降趋势有关。但是，凯恩斯提出温和的通货膨胀，一方面可以降低工资以增加利润，另一方面可压低利率以刺激投资，是防止和缓解经济危机的手段。

总之，凯恩斯的危机救助理论开启了政府干预经济的大门。凯恩斯需求不足的原则是大危机产物，但却成了各国政府管理经济的重要依据，而且凯恩斯主张的赤字政策也成了现代政府持续使用的工具。因此，从某种意义上来说，凯恩斯的理论不仅为政府治理危机提供了理论基础，也为政府日常管理提供了政策依据。

2.1.2 新古典综合派对凯恩斯危机救助货币政策理论的发展

新古典综合学派是在第二次世界大战以后对凯恩斯理论进行解读、扩展的过程中逐渐形成的，主要代表人物有汉森、希克斯、萨缪尔森、托宾、奥肯等。萨缪尔森在其《经济学》第5版中首次使用"新古典综合"一词，意指把"凯恩斯的宏观收入决定理论与微观经济的经典理论"结合起来，为凯恩斯理论奠定微观基础，同时考虑长期经济发展问题。新古典综合派的主要观点如下。

（1）不仅关注经济萧条时有效需求不足问题的研究，同时重视繁荣时期过度投资引发的通货膨胀问题的研究。

新古典综合派的理论虽然不像凯恩斯理论是大危机的产物，但"新古典综合派继承和发展凯恩斯的有效需求不足的原则"②，认为仅靠市场难以实现充分就业，必须进行政府干预。过度需求是第二次世界大战后发达国家繁荣时期的新现象，为此，新古典综合派系统分析了凯恩斯未曾考虑的过度需求的问题。萨缪尔森对通货膨胀产生的原因、种类，及其带来的危害等进行了

---

① 颜鹏飞，张彬.凯恩斯主义经济政策述评 [M].武汉：武汉大学出版社，1997：70-71.
② 颜鹏飞，张彬.凯恩斯主义经济政策述评 [M].武汉：武汉大学出版社，1997：73.

较为全面的分析和研究。同时，经济增长与就业、通货膨胀与就业之间的关系也得到新古典综合派的深化研究。市场经济中能否同时实现充分就业和物价稳定，成为了当时经济学关注的首要问题。正如奥肯所言，"当前在总体经济运行中需要解决的首要问题，就是如何在经济繁荣的同时保持物价稳定，即必须找到一种令人满意的折中方法，使我们既能为不断增长的经济感到自豪，同时也不会为物价的变动感到不舒服"①。从现实来看，这两大问题也时刻困扰着各国政府，不仅在正常时期如此，在金融危机时期更应高度重视。

（2）对于过度需求或者投资引发的通货膨胀问题，新古典综合派也展开了深入的研究。其中，萨缪尔森认为衡量通货膨胀的代价有两个尺度，一是要看它是平衡的还是非平衡的通货膨胀，二是看它是可预测的还是非可预测的。可预测的平衡的通货膨胀没有代价，而可预测的不平衡的通货膨胀会造成效率损失；不可预测的平衡的通货膨胀会带来收入和财富的再分配（可能使一部分人更穷或者一部分人更富），不可预测的非平衡的通货膨胀会造成效率损失和再分配②。金融危机一般会带来不可预测的通货膨胀，因此，危害通常较大。

（3）把凯恩斯的收入决定论和货币理论结合起来，构建 IS－LM 一般均衡分析框架。汉森－希克斯通过构建 IS－LM 一般均衡，用以分析商品市场与货币市场的均衡，而且还可以利用曲线的不同区位分析货币政策和财政政策的有效性（LM 曲线被分为古典区域、中间区域和凯恩斯区域）。不同政策可以影响 IS－LM 曲线的变动，从而使商品市场和货币市场实现新的均衡。因此，IS－LM 一般均衡分析框架不但实现了凯恩斯和新古典的结合，而且将货币政策和财政政策相结合，成为了政府宏观经济政策实施的重要理论依据。

新古典综合派的政策主张主要如下。

（1）补偿性的财政与货币政策，即所谓的"逆经济风向行事"、"相机抉择"的政策。根据经济运行方向，交替使用紧缩与扩张的政策。在经济繁荣时期，实施紧缩性的财政和货币政策，通过减少政府支出、减少货币供应量、提高利率等抑制总需求，降低通货膨胀率；相反，在经济萧条时期，则实行扩张性的财政和货币政策，为了刺激经济的复苏，通过扩大政府支出、增加

① 阿瑟·M. 奥肯. 繁荣的政治经济学，诺顿，纽约，1970：130.
② 保罗·A. 萨缪尔森，威廉·D. 诺德豪森，经济学［M］.14 版. 北京：首都经济贸易大学出版社，1996：1091－1096.

货币供应量和降低利率等措施来刺激总需求。

(2) 增长型的货币和财政政策。针对 20 世纪 50 年代美国经济增长速度低于其他西方发达国家的现象，托宾等提出了增长型的财政与货币政策，即不但在金融危机时期实行扩张性的财政政策和货币政策，而且在经济回升时期，只要实际产出低于充分就业时的潜在产出，就应该用赤字预算、发行国债等方法来刺激经济增长，以减少经济周期对经济发展的负面影响。

(3) 实施货币政策，既要调整货币数量，更要注重调息。新古典综合派认为，货币需求是收入和利率的函数。短期的收入是稳定的，短期利率从而成为了决定货币需求的主要因素。从整个货币供应量来看，并没有"古典货币数量论"中认为的货币供应量和名义收入之间稳定的关系，因此只依靠货币供应量来调节货币政策的效果是不确定的。与此同时，货币供应量具有内生性，央行只能完全控制基础货币，只有部分控制货币总量的能力。因此，实施货币政策，不仅要调节货币供应量，更应重视调整利率。

(4) 宏观经济微观化，即对不同部门和情况实施区别对待的政策。政府根据干预目标实施差别化的利率、税率政策，以鼓励和限制不同部门和行业的发展。为了降低物价水平，实现充分就业和物价稳定，还可以实施收入分配政策（包括物价管制，建立工资—物价指导线等）。

总之，新古典综合派抛弃了凯恩斯过于偏重财政政策，轻视货币政策的观点，主张搭配使用财政政策和货币政策，调节总需求，以减少失业、消除危机。

2.1.3 货币主义和理性预期学派对凯恩斯主义危机救助政策的质疑及解释

20 世纪 70 年代，西方各国陷入了失业加剧与经济停滞的两难困境，即出现了所谓的"滞胀"现象。货币主义、理性预期学派等把"滞胀"的原因归为凯恩斯政府的干预。因此，货币主义、理性预期学派主要围绕着如何减少政府的干预，回归市场调节来构建自己的理论体系。

弗里德曼认为，自 20 世纪 70 年代后，政府以"充分就业"和"经济增长"为借口不断扩大干预经济事务的范围，已经成为了影响美国经济增长的主要障碍。因此，"为了经济的稳定和增长，我们迫切需要的是减少而不是增加政府的干预"[①]。为了回归市场对经济的调节，弗里德曼认为必须坚持两个

---

① 弗里德曼. 资本主义与自由 [M]. 北京：商务印书馆，1982：33；38.

基本原则：一是"政府的职能范围必须有限度"；二是"政府的权力必须分散"[①]。和传统的自由主义不同，弗里德曼主张政府"适度"的干预，而干预重点不是凯恩斯强调的经济增长和充分就业，而是把维护物价稳定、控制通货膨胀作为政府干预的首要目标[②]。

货币主义认为，通货膨胀始终是货币数量扩张快于总产量增长而产生的一种货币现象，货币量的扩张最终会使物价上涨。通货膨胀以及经济波动中，货币供应量的变动是决定因素。利息率、信贷流量、自由准备金等因素在货币传导机制中的作用很小。为此，弗里德曼（1956）在《货币数量理论的重新表述》中提出以货币供给量为中介的观点。在费雪方程（货币交易方程）中，$MV=PY$，商品的价格与货币的数量正相关，而货币价值与货币数量反相关。显然，货币供应量的变动不仅能影响物价水平的波动，也能进一步影响国民收入的变动。在货币主义学派看来，虽然在长期内货币数量扩张的主要目的是影响价格。但在短期内，货币流通速度具有可变性，流通速度的变动会引起总产出的变动。因此，在短期内货币政策是有效的。该学派认为基础货币和货币创造乘数共同决定了货币供给量，其货币需求函数 $MV=PY$ 或 $M=KPY$ 具有相对的稳定性，通过预测 V，调节 M 的变化，从而对 Y 产生直接影响。

货币主义的政策主张如下。

在对待金融危机上，货币主义主张市场机制能够使危机自动消除。

在政府干预方面，货币主义不同于凯恩斯扩大政府经济职能的主张，而是主张为了维持经济稳定，必须减少政府对经济的干预，把控制通货膨胀作为主要政策目标，至于经济增长和充分就业目标，则交由市场去调节。

在货币政策目标方面，货币主义不同于凯恩斯把利率作为货币政策中介目标的主张，而是主张把货币供应量作为货币政策的控制目标。

在货币工具方面，货币主义不同于凯恩斯主义相机决策的主张，而是主张实行"单一规则"的货币政策，即把货币供应量看成唯一政策工具，并制定货币供应量增长法则，使其增长率与预期的经济增长率保持一致。

总之，货币主义学派反对政府对经济的过度干预，强调货币政策对于稳

---

　　①　弗里德曼．资本主义与自由［M］．北京：商务印书馆，1982：4．

　　②　张志敏．合理性的限度——西方工业国家政府经济干预的历史演变与借鉴［M］．哈尔滨：黑龙江人民出版社，2006：27－28．

定物价的重要性。

同样，理性预期学派对凯恩斯的危机救助理论与政策也提出了质疑，在此基础上提出自己的政策主张。理性预期学派的主要代表人有卢卡斯（Robert E. Lucas Jr.）、罗伯特·巴罗（Robert J. Barro）、托马斯·萨金特（Thomas J. Sargent）等。理性预期学派认为，经济危机产生的根源不是有效需求不足，而是人们的预期发生错误。预期错误通常是由外部不能合理预见的随机冲击引起的，如战争、粮食危机、货币供给等，其中，货币供给是主要冲击因素。卢卡斯在《预期和货币中性》（1972）一文中提出了货币周期模型，之后又在《经济周期均衡模型》（1975）一文中对货币冲击引发的经济波动、通货膨胀进行了拓展研究。卢卡斯认为货币需求的利率弹性很小，在短期内因价格粘性的存在，货币供应量的变化会影响实际经济，随之而来的是价格的上涨。和货币主义一样，理性预期学派认为，凯恩斯主义夸大了政府的作用，是政府的干预及货币增长的不确定性导致了非预期的通货膨胀发生。其具体政策主张如下。

（1）反对凯恩斯主义用扩张性的政策刺激经济增长和就业，提出经济具有内在的稳定性，能够使总产量、就业量保持自然率水平（劳动力市场供求平衡时所决定的产量和就业量水平）的主张。在扩张性货币政策反复推行时，就不能再继续实现其目标，因为推动力的消失对生产失去了刺激效应。本期望扩大生产，结果却导致了通货膨胀。因此，政府唯一的目标是确立最理想的一般物价水平，防止和减少通胀[1]。

（2）要使反危机政策有效，只能采取"突如其来"或者"出其不意"的政策，在公众无法预期时才能有效。但是由于后果公众无法掌握，政府也无法掌控，因此，这种不规范的政策最好不要采用。

（3）主动的、相机抉择的货币政策会因公众有理性而导致政策无效。因此，有效的货币政策是在理性预期的情况下实行单一的、年增长不变的货币供应量[2]。

总体而言，货币主义和理性预期学派都强调市场机制具有内在的稳定性，不主张政府过度的干预经济；财政政策和货币政策对危机救助的作用甚微，

---

① 张卓然. 理性预期理论下的货币政策有效性 ［J］. 经营管理者，2010（1）：203.
② 陈金仁. 理性预期学派的货币政策及其评析 ［J］. 国际商务研究，2006（4）：7-8.

30

甚至无效，主要得靠市场的自动调节作用来恢复经济。

2.1.4 新凯恩斯主义对危机救助货币政策效应的解释

20 世纪 70 年代的"石油危机"和"滞胀"的出现，导致"凯恩斯主义理论危机"。但是，凯恩斯学派并没有就此消失，而是不断地吸收各家之长，演变和发展成为所谓的"新凯恩斯主义"。劳伦斯·鲍尔等（Lawrence Ball 等，1988）在《新凯恩斯主义经济学和产出量—通货膨胀交替关系》中最先使用"新凯恩斯主义"这一概念。新凯恩斯主义继承了原凯恩斯主义的观点，同时对原凯恩斯主义强调失业但对劳动力市场缺乏分析、忽视厂商利润最大化和家庭效用最大化假设等方面进行了批评。在借鉴了理性预期、重视预期等观点的基础上，提出了自己的核心观点：价格和工资黏性使得市场不能出清、经济失衡，即使存在预期，政府的经济政策也会发挥作用，影响产出和就业。其具体政策主张如下。

1. 强调货币政策的有效性

由于价格存在黏性，在其对总需求变化反应不灵敏时，为了使经济向均衡方向发展，应该实施与需求变动相一致的货币政策、价格政策和工资政策。即使存在理性预期的情况下，货币政策会减弱产出和就业效应，但是仍然在物价稳定方面能发挥作用。同原凯恩斯主义一样，新凯恩斯主义也主张通过实施"微观化"的货币政策，即通过局部地区或部门微观货币政策的调整来实现预期的目标[①]。

2. 政府可以通过干预信贷市场，使社会福利最大化

蒂格利茨和韦斯（1981）发表"不完全信息市场中的信贷配给"，从信息结构角度对信贷配给现象进行了分析，对不完全信息条件下逆向选择能导致作为长期均衡现象存在的信贷配给进行了证明[②]。该理论认为信贷市场是不完全信息市场，贷方（厂商）比借方（银行）在还款概率上拥有更多的信息，银行面临着厂商违约的贷款风险。因此，银行在确立预期利润率时不仅要考虑贷款利率，还要考虑贷款风险。基于风险的考虑，银行不会把贷款贷给那些从事高风险行业的厂商。然而，这些项目可能是对社会有利的项目，在这

---

① 张荔，罗春婵，孙颖. 金融危机救助：理论与经验［M］. 北京：中国金融出版社，2011：66-67.

② Joseph E. Stiglitz and Andrew Weiss. Credit Rationing in Markets with Imperfect Information. The American Economic Review Vol. 71, No. 3 (Jun., 1981), pp. 393-400.

种条件下，政府可以通过贷款补贴等手段降低市场利率，从而使具有社会效应的高风险项目获得贷款。因此，在货币政策的传导过程中，利率和信贷是共同起作用的，中央银行应该把贷款量作为和利率同等或次之的货币政策中介目标。

3. 货币政策应该兼顾两大目标，即保持物价稳定的同时兼顾经济增长

泰勒（Taylor，1993）提出了"泰勒规则"，它结合了相机抉择和单一规则二者的优点，是规则和相机抉择的统一。该规则认为央行通过把短期利率作为中介目标，根据通货膨胀率和产出缺口进行逆向调控，可以减少经济的波动性，并达到均衡增长的目标。因此，泰勒规则成为了美联储、英格兰银行、欧洲中央银行以及加拿大银行货币政策的理论依据。

上述理论分析表明，各学派对于货币政策效应问题并未形成完全一致的意见。凯恩斯的危机救助理论，强调市场存在有效需求不足，经济危机时由于资本边际效率突然崩溃，在存在流动偏好陷阱的情况下，货币政策对于危机救助的有效性较差，只有通过财政政策才能实现经济复苏和充分就业；而凯恩斯理论的传承者——新古典综合派发展了凯恩斯的理论，在治理经济危机方面，提出了"相机抉择"的财政和货币政策。此外，还提出了"增长型"财政与货币政策及其他"微观化"的政策，即强调危机治理的"组合拳"效应。货币主义学派和理性预期学派则对凯恩斯主义的理论提出质疑，认为市场经济具有内在的稳定性，反对实施主动的、相机抉择的政策，认为主动的、相机抉择的货币政策短期内有效，或者有效性转瞬即逝，因此主张实施单一规则或者固定规则的货币政策；新凯恩斯主义认为，在理性预期的情况下，货币政策实现经济增长和充分就业的效应会减弱，但是对于稳定物价却发挥着重要作用。与新古典综合派、货币主义及理性预期学派不同的是，新凯恩斯主义基于信息不对称的角度分析了政府干预信贷市场失衡的重要性，提出货币政策中介目标除了利率外还应该兼顾信贷数量。尤其是新凯恩斯主义的"泰勒规则"，提出货币政策目标是稳定物价兼顾增长，它近年来被一些国家的政府广泛引用，这足可说明其价值所在。

从理论的发展与演化趋势看，每次重大经济危机都既对已有理论提出了挑战，也催生新理论的出现。20 世纪 30 年代金融危机使凯恩斯理论产生，而20 世纪 70 年代的石油危机则为货币主义和理性预期学派的崛起提供了契机。经济和金融危机的起伏，迫使人们去总结和反思，从而推动相关理论的深化

和发展。由于每次金融危机发生的背景和原因不同，治理危机的货币政策目标和手段也会存在差异，货币政策的有效性以及货币传导机制的变化，始终是各学派探讨的关键问题。

2.2 危机救助货币政策的目标和工具

在金融危机爆发之初，金融危机发生的国家和金融危机波及的国家在没有预期到危机的严重程度之前，常采取积极的常规货币政策抑制金融危机的冲击，以期能够促进经济的复苏。随着危机的加深和蔓延，零利率下限使常规政策的传导渠道在救助过程中受阻，导致常规货币政策无效。为此，转而实施了危机救助的非常规货币政策。

非常规货币政策是在常规货币政策的传导渠道受阻，货币政策失效，经济增长面临长期萧条时，中央银行所采取的以修正市场利率预期并恢复货币政策传导机制为目标的非常规货币政策操作。换而言之，非常规货币政策就是在常规货币政策失效时，货币当局通过对其资产负债表规模和结构的调整，进而来调整经济流动性的政策。

2001—2006 年，日本率先实施数量宽松的非常规货币政策，之后有关非常规货币政策的研究随之兴起。在 2008 年全球金融危机中，零利率下限使常规政策的传导渠道在救助过程中受阻（零利率下限问题是非常规货币政策产生的前提），为了尽快有效抑制危机的加深程度，刺激经济的复苏，需要向市场注入大量的流动性，增加贷款供给量。而常规货币政策工具无法实施向市场注入大量流动性及有保证的低利率承诺的措施。为此，以美联储为代表的各国银行先后恰逢其时地推出了危机救助的非常规货币政策。非常规货币政策作为救助国际金融危机的应急措施，广泛被危机发生和波及的国家采用。危机救助的非常规货币政策的实施，有效抑制了危机的加深程度，在促进各国经济相继复苏的过程中发挥了至关重要的作用。

2.2.1 危机救助货币政策的目标

1. 危机救助货币政策的最终目标

货币政策目标是指中央银行制定和实施某项货币政策所要达到的最终实施结果，是中央银行制定和执行货币政策的依据，是货币政策所要达到的最终目标。一般而言，常规货币政策目标主要包括物价稳定、充分就业、经济增长以及国际收支平衡四大最终目标（多恩布什，2006）。

从各国央行的实践来看，非常规货币政策的目标主要是通过影响金融市场价格水平，缩小市场利差，从而维护金融市场的正常融资功能。因此，金融市场收益率水平或利差是非常规货币政策的主要中间目标，也是在实证分析中检验非常规货币政策实施效应的主要变量。

非常规货币政策的目标是通过各种非传统操作影响市场利率预期，并疏通被阻塞的货币政策传导渠道，进而刺激产出，即其目的在于直接影响银行、企业和家庭外部融资的成本和可获得性。具体而言，"非常规货币政策的目标就是在常规货币政策利率传导机制无法有效发挥作用的情况下，运用非常规货币政策工具，直接向市场注入流动性，修正公众的利率预期，疏导利率传导机制，以发挥市场利率对投资和消费的拉动作用"[1]。

总结以往历次国际金融危机中非常规货币政策的实施情况，危机发生和波及的国家和地区央行实施的非常规货币政策最终目标突显在以下两个方面，首先是抑制通缩，维护物价稳定；其次是恢复市场信贷，促进金融稳定。

（1）抑制通缩，维护物价稳定

抑制通缩，维护物价稳定的目标是金融危机发生国家央行旨在通过非常规货币政策抑制通货紧缩，维护物价稳定。2001年3月，日本央行首次实施非常规货币政策，日本银行曾经明确表示，实施非常规货币政策的目的是抑制经济复苏中的价格波动[2]。2008年大危机中以美国为首的各国央行都为了抑制危机加深引起的通缩和维护物价的稳定先后实施了危机救助的非常规货币政策。

（2）恢复市场信贷，促进金融稳定

为了促进金融稳定，必须恢复市场信贷。正如米什金（Mishkin，2009）所言："为了实现维护金融稳定的最终目的，必须修复信贷市场。因为此举不但能够阻断金融体系与实体经济相互恶化的正反馈机制，而且能够逆转金融体系的恶化，以及实体经济衰退的螺旋式下降。"伯南克（2009）认为美联储为了应对金融机构资产负债表收缩、信贷市场功能失灵而实施非常规货币政策，其政策目标在于修复和改进市场信贷。而"修复市场信贷的目的是为了减弱金融危机的恶化对实体经济带来的循环冲击，缓解金融体系对实体经济

① 冯肖肖. 非常规货币政策研究［D］. 广州：暨南大学，2011.
② Bank of Japan, Minutes of the Monetary Policy Meeting on Mrach 19, 2001.

的负向加速器作用①"。

2. 危机救助货币政策的中介目标

"中介目标是指央行利用货币政策工具改变了手段变量后，在货币政策工具和最终目标之间设置的政策目标。中介目标是连接货币政策与货币政策最终目标的桥梁，中介目标须具备可测性、可控性和相关性。货币供应量、利率、汇率等通常可以作为货币政策的中介目标。"② 从货币交换方程 $MV=PY$ 中可以看出，货币供应量 M 的变动不但能影响物价水平的波动，也能进一步影响国民收入的变动，而利率作为中介目标对经济具有重要的调节作用。国家间的相同商品，通过汇率折算后的标价是一致的，若存在价格差就会产生国际贸易。通常，各国为了抑制通胀，采取顶住汇率的政策。换言之，就是把本币与国际上某一强势货币的汇率维持在固定水平上，或控制在小范围内浮动的政策③。

3. 危机救助货币政策目标及其实施效应的关系

一国经济发展的衡量标准与经济增长及就业等状况密切相关，为此，各国货币政策的根本目的是实现货币政策的四大最终目标。货币政策在实际操作中，先要衡量货币政策实施的初步效果，该效果必须通过短期内所能达到的货币政策中介目标来检验。因为，基础货币政策的中介目标与最终目标之间存在较远距离，即便中央银行对作为中介目标的基础货币控制力较强；此外，货币政策还有两个中介目标，虽然距离政策目标较近，但中央银行对它的控制力较弱，银行通过市场利率和货币供应量发挥货币政策作用时的效力有限。事实上，货币政策作用的发挥主要在于其能否有效影响实际产出等真实经济变量。在面对不同的经济形势时，央行通常会根据真实经济变量的实际情况，对货币政策四大最终目标的选择有某方面的侧重。其中，影响货币政策效应的最重要的两个方面是最终目标的数量及其内容。在货币政策最终目标内容的选择上，因其四大目标之间存在矛盾性，既促进经济增长又保证充分就业，而且物价稳定和国际收支平衡无法同时实现；而货币政策实现的效果取决于最终目标的数量。因此，任何国家都无法同时实现货币政策四大

① 徐莹. 量化宽松货币政策的理论、实践和效应研究 [D]. 杭州：浙江大学，2011：61.
② 冯科. 我国货币政策有效性的实证研究 [M]. 北京：中国发展出版社，2010：39-42.
③ Milton Friedman. Essays in positive economics [M]. London: Cambridge University Press, 1954.

目标。显然,实行单一目标的货币政策会更加有效;在最终目标内容的选择上设立多重目标时,通常因不同目标之间存在冲突,为实现某一个目标而实施的货币政策会影响到其他目标的实现,进而最终影响货币政策实施的整体效应。

2.2.2 危机救助货币政策的工具

货币政策工具是指中央银行通过调控中介指标,为最终实现货币政策目标而采用的政策手段。其中,能够影响市场货币供应的政策,一般都称为货币政策工具,包括信用控制等。一般而言,央行货币政策工具主要包括一般性的工具、选择性工具以及补充性工具等。各国央行主要使用货币政策的三大政策工具:法定存款准备金率、再贴现政策和公开市场操作业务。这三大政策工具主要用于调节货币总量。

1. 常规货币政策工具

常规货币政策的一般性工具主要包括 3 种类型:存款准备金政策、再贴现政策、公开市场操作业务。

(1)法定存款准备金率政策工具

"法定存款准备金率是指商业银行等存款货币银行按法律规定存放在中央银行的存款与其吸收存款总额的比率[①]"。央行通过法定存款准备金制度实现最终目标的过程如图 2-1 所示。

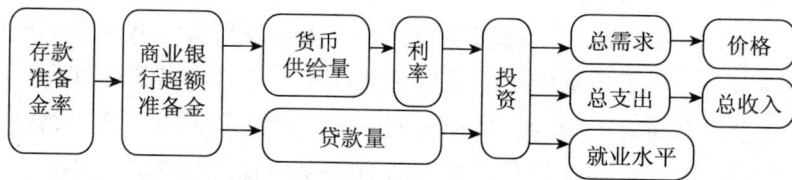

图 2-1 央行法定存款准备金制度传导图

当央行提高(降低)法定存款准备金率,可使商业银行超额存款准备金增加(降低),从而减少(增加)货币供给量,同时使商业银行贷款量增加(减少),进而使利率下降(提高)、投资增加(减少),使总需求增加(减少),导致物价上涨(下降),同时因总支出增加(减少),使国民收入增加

[①] 张晨. 货币金融学理论·实务·政策 [M]. 北京:中国金融出版社,2013:375.

（减少）。

（2）再贴现政策工具

再贴现是指中央银行对商业银行或其他金融机构将贴现所获得的未到期票据，是中央银行干预和影响市场利率、货币供给和需求，调节市场货币供给量的货币政策工具。央行通过调节再贴现率实现最终目标的过程如图 2-2 所示。

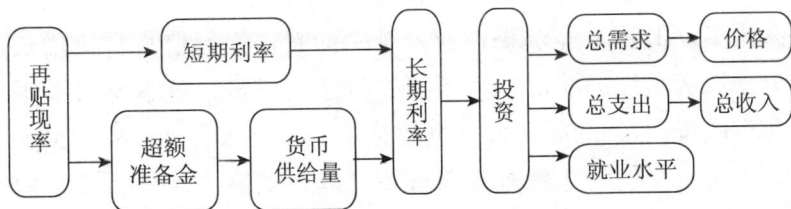

图 2-2　央行再贴现工具传导图

当央行降低（提高）再贴现率时，会减少（增加）商业银行的筹资成本，进而提高（降低）商业银行的超额准备金，货币供应量就会增加（减少），随之短期利率也会下降（上升），进而使长期利率也下降（提升），这使得投资增加（下降），随之失业率下降（上升）、社会总需求增加（下降），从而物价上涨（下降）、总支出增加（减少），使总收入增加（减少）。

（3）公开市场操作业务

"公开市场操作指的是中央银行在金融市场上买卖各种政府证券来控制货币供给和利率的政策行为，是目前多数发达国家（即大多数市场经济国家）中央银行调控金融机构货币供给量的重要和常用的工具"[①]。央行通过公开市场操作实现最终目标的过程如图 2-3 所示。

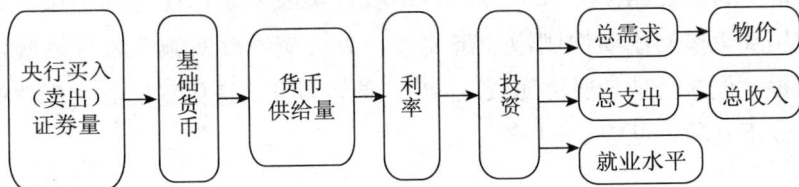

图 2-3　央行公开市场操作工具传导图

---

① 汪洋．中国货币政策研究［M］．北京：中国金融出版社，2009：42.

当央行进行公开市场业务买入（卖出）政府债券，投放（回收）基础货币时，就会增加（减少）供应量，会引起利率下降（上升），进而使投资增加（减少），引起物价上涨（下降）、就业上升（下降）、总收入增加（减少）。

2. 危机救助的非常规货币政策工具

(1) 量化宽松的非常规货币政策工具

20 世纪 90 年代末的日本经济危机中，常规货币政策无效的情况下，利率已经降为零，但日本经济仍没有复苏。而且，银行信贷量负增长，物价也长期处于通货紧缩的状况，为了摆脱低迷的经济，日本首次采用了量化宽松的货币政策。在 2008 年大危机的背景下，全球主要经济体国家不约而同地采用了量化宽松的非常规货币政策工具，即第二代量化宽松的非常规货币政策。

量化宽松政策 QEP（Quantitative Easing Policy）又称数量宽松的货币政策，是指在利率已经降到零或接近于零时，央行通过购买证券的方式向市场大规模投放货币，通过购买国债等中长期债券，增加基础货币供给，向市场注入大量流动性，遏制通货紧缩导致的市场恐慌，刺激经济增长的非常规手段。

量化宽松的货币政策在常规货币政策无效和世界经济总体恶化的情况下，被多数学者看作主要经济体国家应对全球国际金融危机唯一有效的方法。为了创造一定数量的货币，需要实施量化宽松的货币政策，向金融市场或者金融机构提供充足的流动性，从而达到刺激经济复苏的目的。

量化宽松的非常规货币政策通常以金融机构在央行的准备金数额作为公开市场操作目标，并维持供给充足的流动性。在具体操作方式上，从以美联储为首的主要发达国家危机应对的货币政策实践来看，在零利率条件下，为了通过增加更多的流动性刺激经济复苏，央行应继续实施非常规措施，继续放松银根，但这会带来通货膨胀风险[①]。具体而言，量化宽松的货币政策工具主要有以下几种，见表 2-1。

---

① Bernanke，Reinhart. Con. ducting monetary policy at very low short—Term interest rates [J]. American Economic Review，2004，94（2）：85.

表 2-1　　　　　　　　　量化宽松的非常规货币政策工具一览

工具	主要作用
给予低利率的政策承诺	降低公众对短期利率的预期，增加流动性
改变资产负债表的资产结构	在不改变中央银行资产负债表规模的前提下，转换资产类型或期限，央行通过基础货币的注入规模向市场持续注入流动性。主要是将短期资产转换为期限更长的资产，来增加公开市场操作中政府长期债券的购买数量，进而影响相关资产的供求关系和价格，从而影响利率的期限结构，实现中央银行货币政策目标
扩大基础货币的注入规模	通过扩大资产负债表规模的方式，增加中央银行所持资产数量，增加基础货币供给，在零利率约束下，进一步实施宽松的货币政策，以影响市场利率和资产价格，进而刺激实际产出和物价水平，影响社会总需求

各国在实施非常规货币政策的实践中，通常都是以上 3 类非常规货币政策工具的融合，但是不同的国家所使用的非常规货币政策的重点工具有所不同，工具的侧重点也随着实际经济状况的动态变化而调整。

危机救助的非常规货币政策是以量化宽松为主的货币政策，对经济有较大刺激作用，但也存在负面影响。在经济好转后，若货币当局未能及时收回巨额流动性，危机发生和波及的国家会出现不同程度的资产价格泡沫和通货膨胀的问题。

（2）信贷宽松的非常规货币政策工具

20 世纪 80 年代以来，随着金融市场的发展，金融产品种类日益增多、结构日益复杂，常规货币政策的流动性工具无法解决各类现代金融机构及金融市场流动性短缺的问题。危机期间，尤其是大危机引发的冲击波愈演愈烈，常规货币政策工具由于零利率下限的限制，其传导机制日益受阻，危机发生和波及的国家先后开始采取非常规货币政策，以美联储为首的各国中央银行不得不选择各种非常规措施。根据本国受危机冲击的实际情况，采用不同的创新型货币政策工具，向金融体系直接注入流动性资产。针对资产支持证券市场、商业票据市场等金融市场遭受危机的严重冲击的情况，所采用的非常规货币政策工具主要有陆续推出的非常规流动性支持工具，包括定期拍卖工具（TAF）、定期证券借贷工具（TSLF）、商业票据融资工具（CPFF）、一级

交易商信贷工具（PDCF）、资产支持商业票据货币市场基金流动性工具（AMLF）、定期资产支持证券信贷工具（TAB－SLF）、货币市场投资基金工具（MMIFF）及定期资产抵押证券贷款工具（TALF）① 等。与货币政策工具相比较而言，各国银行所采用的这些创新的非常规货币政策工具不但扩大了央行资产负债表规模，延长了贷款期限，扩大了抵押品范围，而且改变了央行资产负债表结构，增加了流动性供给的对象，降低了获得流动性的成本，并通过消费贷款及中小企业贷款将创新工具激励范围扩大至实体经济。以下对主要的创新货币政策工具进行了简要介绍。

①定期拍卖工具。定期拍卖工具 TAF（Term Auction Facility）是银行向商业银行公开提供的一种新型的贴现窗口，商业银行用自己的金融资产（通常是资产证券化的产品）作为抵押获取贷款的方式。操作上由合格的储蓄机构根据规定程序向所在地银行提交利率报价和竞拍额，由央行决定拍卖结果，贷款的利率通过竞价拍卖方式确定，即通过招标方式向财务健康的存款类金融机构提供贷款，以缓解商业银行面临的短期资金压力。

"TAF 类似于公开市场操作，最大的区别是其交易对手是存款机构而非一级交易商②"，并且 TAF 的抵押品范围更广泛。与再贴现窗口相比较而言，TAF 有以下几个显著的相对优势：首先，TAF 使存款类金融机构的可抵押物范围有所扩大，尤其是可以用抵押担保凭证（CDO）做抵押；其次，利率是由拍卖决定的固定利率。成交利率是金融机构以自身的融资成本而定，因此与市场预期非常接近。当前已有 3 种拍卖工具，即为期 28 天的短期拍卖工具 TAF，为期 84 天的定期拍卖工具 TAF，远期拍卖工具 TAF。定期拍卖工具 TAF 有效解决了在标准贴现窗口借款不活跃的问题③。

②定期证券借贷工具。定期证券借贷工具 TSLF（Term Securities Lending Facility）是通过拍卖的方式向市场注入流动性的一种创新借贷工具，作为定期拍卖工具 TAF 的补充，定期证券借贷工具（TSLF）面对的是以投资银行为主的一级证券交易商，并且 TSLF 并不是直接提供贷款，而是国债与问

① 劳埃德·B. 托马斯. 金融危机和美联储政策［M］. 危勇，贾茜，胡颖，译. 北京：中国金融出版社，2012：146-153.

② 朱民，边卫红. 危机挑战政府——全球金融危机中的政府救市措施批判［J］. 国际金融研究，2009（2）：12.

③ 劳埃德·B. 托马斯. 金融危机和美联储政策［M］. 危勇，贾茜，胡颖，译. 北京：中国金融出版社，2012：146-148.

题证券之间的一种互换协议（一般期限为 28 天）。TSLF 起初只接受的抵押物是联邦机构债券、AAA 级公司债券与优等抵押贷款证券等，后来又将抵押品范围扩大至联邦机构发行的房屋抵押证券、商业房地产、投资级房屋抵押贷款以及信用卡贷款等。TSLF 与常规的借出项目有两大不同。首先，TSLF 的交易对象仅限于以投资银行为主的一级证券交易商，作为一种影响央行资产结构组成的机制安排，能有效降低市场价差。其次，TSLF 拓展了抵押品范围（抵押资产包括联邦机构债券、AAA 级私人住房抵押贷款支持证券、联邦机构发行的住房抵押贷款支持证券等），延长了传统借出项目的交易期限。通过实施 TSLF，可以用流动性高的债券置换市场上流动性低的问题证券，既能有效地缓解问题证券持有者面临的融资困境，又能促使证券经纪商积极履行抵押债券市场的职能，提升非常规货币工具传导的有效性。

③商业票据融资工具。商业票据融资工具 CPFF（Commercial Paper Funding Facility）是一种创新的短期融资窗口，通过 CPFF 可以向商业票据的发行者提供流动性支持，即直接通过其一级交易商从合格发行者那里购买高质量的商业票据，以及未担保的资产支持商业票据，为商业票据市场提供流动性，将流动性支持拓展至金融机构以外，以改善短期融资市场的流动性，从而缓解信贷紧缩的局面。商业票据融资工具 CPFF 的运作机制是先设立一个特设信托机构，"启动商业票据融资工具 CPFF，通过特设信托机构，直接从符合条件的商业票据发行方购买评级较高的资产抵押商业票据，以及无抵押商业票据，为商业银行和大型企业等商业票据发行者提供信用支持，其实质是银行变相向企业提供贷款"[1]。

④一级交易商信贷工具。一级交易商信贷工具（Primary Dealers Credit Facility，PDCF）是一种激进的流动性工具。在危急时刻，该工具使一级交易商可以使用美联储的贴现窗口，以回购协议的方式隔夜拆借，借款利率与银行贴现窗口的调整性贷款贴现利率相同，以此消除交易商遭遇"流动性危机"的风险。一级交易商信贷工具的激进之处在于，"抵押品既包括适用于公开市场操作业务的所有合格抵押品，也包括投资级别的公司债券、市政债券、住房抵押贷款支持债券以及有价可循的资产支持债券"[2]；尤其是央行没有为借

① 段军山，李刚. 美国新型货币政策工具及其影响分析［J］. 南方金融，2010（9）：20.
② 朱民，边卫红. 危机挑战政府——全球金融危机中的政府救市措施批判［J］. 国际金融研究，2009（2）：12.

款金额设置上限，数量完全视市场需求而定。推出一级交易商信贷工具 PDCF 的主要目的：在金融危机时期，拯救即将倒闭的公司，向市场交易商提供资金援助，以维持其必要的清偿能力；维持并促进抵押贷款支持债券市场的正常运行，降低一级交易商抵押贷款支持债券与国库券之间的利率差。

3. 非常规货币政策工具的选择及其政策效应

货币政策工具的种类较多，每种货币政策工具的效应又不尽相同，而且，央行在调控中对每种货币政策工具无法完全掌握主动权，因此，对于央行而言，采用的政策工具能否发挥其预期效应，取决于其所处的经济环境。只有在相对比较完善的金融市场环境中，才能有效发挥其调节作用，相反，则会对经济产生失衡的不利影响。

综上所述，危机救助货币政策的工具、中介目标和最终目的之间的关系如图 2-4 所示。

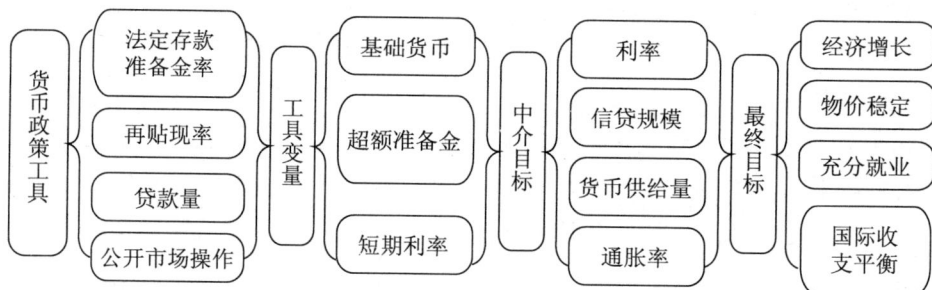

货币政策工具		工具变量		中介目标		最终目标	
	法定存款准备金率		基础货币		利率		经济增长
	再贴现率		超额准备金		信贷规模		物价稳定
	贷款量				货币供给量		充分就业
	公开市场操作		短期利率		通胀率		国际收支平衡

图 2-4　货币政策工具、中介目标和常规货币政策最终目的之间的关系

2.3　危机救助货币政策的传导机制

在金融危机时期，常规货币政策传导机制受阻，利率水平接近于零的情况下，央行不管是采用量化宽松的非常规货币政策还是采用信贷宽松的非常规货币政策，或是二者兼而并用，都得通过改变货币供给数量才能对经济产生影响。分析以往几次金融危机救助中非常规货币政策的实施经验，发现危机救助的非常规货币政策传导机制主要是指货币政策如何通过非常规货币政策工具的使用和调整达到增加市场流动性、稳定物价、恢复信贷市场、稳定金融市场等目的，进而促进社会总需求的增加和经济复苏的过程。其有如下特征，即非常规货币政策的传导机制是低利率承诺渠道的传导机制、资产组

合渠道的传导机制和资产负债表扩张渠道的传导机制。通过以上 3 种渠道的传导机制先后作用于金融部门和实体部门，进而影响物价变动预期，恢复市场信贷，最终影响总需求，促进经济的复苏。

货币政策传导机制是指中央银行货币政策工具或手段实施以后，通过一系列中介目标和中间渠道传递，引起金融与实体经济领域的某些经济变量的一系列传导，并最终影响总供给和总需求，使货币政策最终目标发生预期的显著变化的途径及过程。

危机救助期间，实施常规货币政策和非常规货币政策，都需要使用货币政策工具，通过货币传导机制的作用，进而发挥货币政策的效应，最终实现预定的货币政策目标。具体如图 2-5 所示。

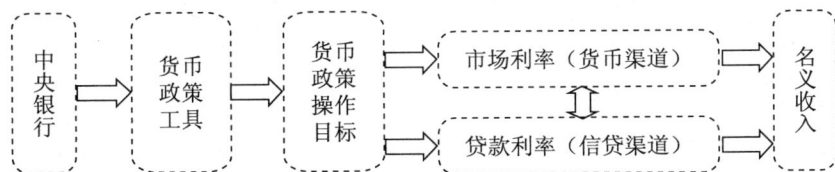

图 2-5　货币传导机制结构图

货币政策传导机制是货币政策有效发挥作用的基本的、必需的途径，是实现货币政策实施效果过程中最重要的环节。为此，要评估特定时刻货币政策效应，既要掌握货币政策影响经济变量的传导机制，又要了解货币政策传导机制的时变性特征，并运用精确评估手段。

货币政策的传导机制从中介变量的角度可以分为利率渠道、资产价格渠道、信贷渠道以及汇率渠道[1]。米什金（Mishkin，1995）在《货币金融学》中指出，在市场经济条件下，货币政策可以通过利率传导机制、其他资产价格机制、信用传导机制和汇率传递机制进行传导[2]。

米什金（Mishkin，1995）将货币政策传导机制划分为货币和信贷两个渠道[3]。中央银行主要运用价格型政策工具基准利率来影响市场利率，从而控制投资和消费，进而影响社会总需求，实现货币政策的最终目标。具体过程如

----

① 雷国胜．货币政策动态优化与调整 [M]．成都：四川大学出版社，2013：24．
② 刘传哲，聂学峰．我国货币政策的传递途径 [M]．北京：经济管理出版社，2007：11．
③ 冯科．我国货币政策有效性的实证研究 [M]．北京：中国发展出版社，2010：28．

图 2-6 所示。

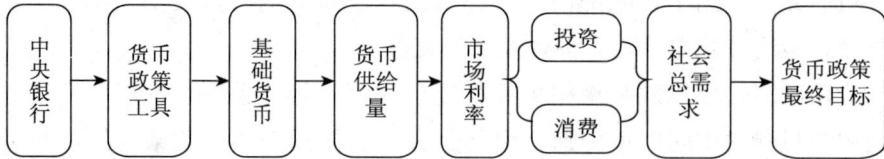

图 2-6　央行常规货币政策传导图

货币政策传导顺畅与否是显现货币政策效果的关键，为此，各国央行在制定和实施货币政策时，只有针对本国宏观经济形势，明确影响本国经济的货币政策是通过何种途径传导的，才能做到有的放矢。当前，国内外学术界关于货币政策传导渠道的理论概括起来大致可分为两大类，即货币传导渠道理论和信贷传导渠道理论。

2.3.1　利率渠道的传导机制

货币传导渠道是指货币当局通过调节货币供给量来影响利率、汇率和资产价格等，进而影响总需求的传导渠道。货币传导渠道又进一步分为利率传导渠道、汇率传导渠道和资产价格传导渠道等。

早在 20 世纪 30 年代，凯恩斯在《通论》中就描述了货币政策的利率传导机制。现代货币政策的利率传导机制是以凯恩斯模式和 $IS-LM$ 模型为理论基础的，认为货币政策是通过利率传导来影响实体经济的，两大模式均通过以下传导途径来实现货币政策目标：

$$货币供给量(M)\uparrow \rightarrow 利率(i)\downarrow \rightarrow 投资(I)\uparrow \rightarrow 产出(Y)\uparrow$$

货币政策的利率传导机制表明，在既定流动性偏好下，货币供应量相对于货币需求增加时，人们持有货币的偏好超过了交易的偏好程度，从而购买债券资产，债券需求增加，随之债券价格上涨，导致利率下降，当利率降至小于资本边际效率时，筹资成本会降低，进一步引起投资支出水平的增加，并通过乘数作用，最终导致总需求和总产出水平的增加。

为了完善上述理论，希克斯等人在凯恩斯理论的基础上构建了 $IS-LM$ 模型中的利率传导机制[①]。

---

① 曾宪久. 货币政策传导机制论 [M]. 北京：中国金融出版社，2004：78-80.

1. IS-LM 模型的利率传导机制

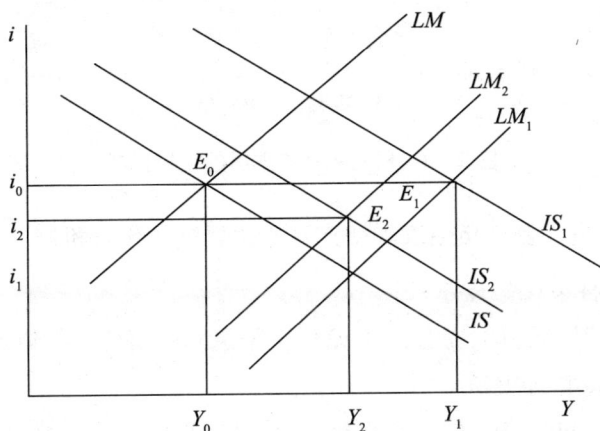

图 2-7 IS-LM 模型：货币政策的利率传导机制

当央行货币供应量 M 增加时，会使 LM 曲线右下移，即 $LM \rightarrow LM_1$ 在收入 Y_0 既定时，利率就会从 $i_0 \rightarrow i_1$，进而引起投资增加和总需求的增加。为保持总需求和总供给的均衡，IS 曲线就会从 IS 右上移至 IS_1，总收入就会相应地从 $Y_0 \rightarrow Y_1$。而真实经济领域的收入增加，交易动机和谨慎动机的货币需求 L_1 增加。为了使货币市场的总供给和总需求均衡，必须使投机动机的货币需求 L_2 减少，这又使得 LM 曲线从 LM_1 移至左下方 LM_2，从而使利率从 $i_1 \rightarrow i_2$。此时，曲线 IS_2 与 LM_2 在 E_2 处达到均衡。以上利率为中介的传导过程可表示为：

货币供给量（M）↑→利率（i）↓→投资（I）↑→产出（Y）↑

产出（Y）↑→L_1↑→L_2↑→利率（i）↑

2. 低利率承诺渠道的传导机制

在金融危机时期，常规货币政策传导机制受阻，在利率水平接近于零的情况下，中央银行采用非常规货币政策，并承诺保持零利率水平至经济复苏后一段时期内。在承诺效应下，市场形成的短期名义利率在未来会维持较低水平的预期，进而使短期实际利率下降，而较低的短期实际低利率又会使公众形成长期实际利率下降的预期。Gagnon 等（2010）指出购买大量资产能有效降低长期利率。显然，非常规货币政策低利率承诺能够抑制利率上涨，疏通传导机制，从而缓解通货紧缩压力，即低利率承诺的传导机制是通过左右通货膨胀预期发挥货币政策效果的。

综上所述，低利率承诺渠道的传导机制如图 2-8 所示。

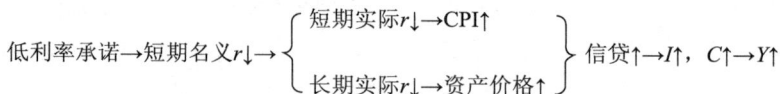

$$低利率承诺 \rightarrow 短期名义r\downarrow \rightarrow \begin{cases} 短期实际r\downarrow \rightarrow CPI\uparrow \\ 长期实际r\downarrow \rightarrow 资产价格\uparrow \end{cases} 信贷\uparrow \rightarrow I\uparrow, C\uparrow \rightarrow Y\uparrow$$

图 2-8 低利率承诺渠道的传导机制

2.3.2 资产价格、资产负债表和资产再平衡渠道的传导机制

1. **资产价格渠道的传导**

资产价格传导渠道主要有托宾 Q 传导渠道和财富传导渠道。

（1）托宾 Q 传导渠道

托宾（J. Tobin，1961）、莫迪利亚尼（Modigliani）等最早提出了资产价格传导机制。其传导机制如下。

$$货币供应量(M)\uparrow \rightarrow 利率(i)\downarrow \rightarrow 股票价格(P)\uparrow \rightarrow$$
$$Q值\uparrow \rightarrow 投资(I)\uparrow \rightarrow 产出(Y)\uparrow$$

上述传导机制表明：当货币供应量增加导致利率降低时，就会使得债券的吸引力下降，相反，对股票的需求增加，从而会使股票价格升高，进而使得 Q 变大，企业就会增加新的投资支出，最终使产出增加。

（2）财富效应渠道

除了收入这一影响消费者的主要因素之外，拥有的财富总量也是影响消费者的因素之一。莫迪利亚尼（Modigliani，1963）在生命周期模型中指出居民的毕生财富包括人力资本、实物资本和金融财富等，其中，个人毕生财富中的重要组成部分是金融财富，而普通股票又是金融财富的主要部分。财富效应传导机制如下。

$$货币供应量(M)\uparrow \rightarrow 利率(i)\downarrow \rightarrow 股票价格(P)\uparrow \rightarrow$$
$$财富(V)\uparrow \rightarrow 消费(C)\uparrow \rightarrow 总收入(Y)\uparrow$$

上述传导机制表明：当货币供给量增加时，会使利率下降，从而使股票价格上升，个人持有的金融财富增加，进而使居民消费支出增加，最终促进产出增加。

2. **资产负债表渠道的传导**

资产负债表传导渠道是指货币政策变化通过影响借款者的资产负债表、利润表等发挥作用。伯兰克和格特勒（1995）认为在信息不完全条件下，市

场的均衡投资水平取决于借款企业或个人的资产负债情况。借款企业或个人良好的财务状况可以减少借贷双方潜在的风险。而货币政策的调控既影响市场利率，又影响借款者的资产负债表，资产负债表的改善或恶化会影响投资等支出，进而最终对总收入水平产生影响。德特肯和斯梅兹（Detken，Smets，2003）通过对发达国家进行实证研究，发现经济繁荣阶段货币量增加，产出缺口、信贷缺口增大，利率降低。

总体而言，当央行实施扩张（紧缩）性货币政策时，资产负债表渠道主要通过以下传导机制起作用。

$$M\uparrow(\downarrow) \to i\downarrow(\uparrow) \to L\uparrow(\downarrow) \to I\uparrow(\downarrow) \to Y\uparrow(\downarrow)$$

货币供应量增加（减少），使利率降低（上升），就会使信贷供给量增加（减少），从而投资增加（减少），最终收入水平上升（下降）。

资产负债表传导渠道又可分为企业和居民个人的资产负债表传导渠道。

资产负债表的企业投资传导途径如下。

$$M\uparrow(\downarrow) \to i\downarrow(\uparrow) \to P_e\uparrow(\downarrow) \to L\uparrow(\downarrow) \to I\uparrow(\downarrow) \to Y\uparrow(\downarrow)$$

货币供应量 M 增加（减少），使利率 i 下降（上升），企业股票价格 P_e 上涨（下降），使企业利息成本 CF 下降（增加），企业的净现金流 FA 增加（减少），从而使得企业降低（增加）了逆向选择和道德风险 AS&MH 等问题，使得贷款 L 增加（减少），投资支出 I 增加（减少），最终使总产出水平 Y 增加（减少）。

资产负债表的居民消费传导途径如下：

$$M\uparrow(\downarrow) \to i\downarrow(\uparrow) \to P_e\uparrow(\downarrow) \to FA\uparrow(\downarrow) \to$$
$$LFD\uparrow(\downarrow) \to CDHE\uparrow(\downarrow) \to Y\uparrow(\downarrow)$$

货币供应量 M 增加（减少），使利率 i 下降（上升），居民持有的金融资产（FA）价值增加（减少），使居民资产负债表改善（恶化），银行的贷款 L 增加（减少），从而使得居民的财务危机可能性（Likelihood of Financial Distress，LFD）下降（上升），从而使居民耐用品和房屋支出（CDHE）增加（减少），最终使总产出水平 Y 上升（下降）。

以上传导机制表明，当银行货币供给量增加、利率下降时，消费者因预期到在未来自身陷入财务困难的概率会降低，就会增加持有耐用品和住房等固定资产的支出，最终使总产出也随之增加。

3. 资产再平衡渠道的传导

在危机救助的过程中，信贷紧缩阻塞了常规货币政策传导渠道。为刺激经济复苏，各国央行实施了非常规货币政策。除上述利率渠道之外，央行还可以通过资产负债表购买资产，主要方法之一是通过公开市场操作购买长期债券、股票等非常规资产，直接向市场和大型金融机构等注入流动性，以缓解其资金短缺的状况，进而对市场利率、信贷量以及资产价格产生影响。常规货币政策的公开市场操作都是买卖短期的安全性相对较高的国库券和央行票据，一般情况下，央行不持有长期债券和其他部门发行的长期证券。而在危机时期，央行可以直接通过购买资产来干预资产市场，增加基础货币供给。为此，央行所持有的资产组合也不可避免地发生变化，按照资产再平衡的效应同样能起到刺激实体经济的作用。当央行大量购入长期国债、抵押贷款债券和机构债券时，此类债券的收益率就会下降，投资者转而会购买其他资产。当基础货币得到扩张后，大量增加的流动性大部分并没有直接进入实体经济，而是流入了股票和债券等资产市场，导致这些资产的价格随之上升，并通过托宾 Q 传导渠道和财富传导渠道等增加企业投资和居民消费，进一步刺激实体经济的增长，影响总需求。非常规货币政策运用公开市场操作工具通过资产再平衡渠道的传导机制如下。

$$央行购买长期债券 \rightarrow \uparrow 长期资产收益率 \downarrow \rightarrow$$
$$其他资产价格 \uparrow \rightarrow 实体经济 \uparrow \rightarrow Y \uparrow$$

2.3.3 银行贷款渠道的传导机制

信用可得性理论最早由罗伯特鲁萨在 1951 年提出，之后又经过了多位经济学家的发展。1988 年伯兰克和布林达（Bernak B. S，A. S. Blinder，1988）在《信用，货币与总需求》中进一步将该理论分为了银行贷款渠道和资产负债表渠道两种传导机制，并探讨了货币政策通过信贷渠道传导的机制。

银行贷款渠道是银行能够凭借其特殊地位，帮助无法直接融资的企业或个人获得贷款的渠道。由于"银行贷款与其他可供资金之间具有不可替代性，借款企业或个人只能通过银行贷款来获取其对资金的需求。为此，加强了银行贷款的供给量变动对经济带来的影响，从而最终达到通过银行贷款增减变化，强化其对经济运行的影响"[1]。

---

[1] 张方. 后金融危机时代我国货币政策有效性研究 [D]. 中南民族大学，2012：10.

金融危机期间，各类风险自然增加。为了降低风险，央行责无旁贷地行使其最后贷款人的职能，无限制地向商业银行提供超低利率的贷款，以缓解商业银行的流动性短缺，这大幅降低了商业银行流动性风险，进而避免了因银行挤兑而发生的破产。此外，央行还以购买不良资产的形式直接向私人部门提供贷款，如直接购买商业票据市场、公司债券市场等的资产，从而降低货币市场风险，使私人机构获得融资。央行从金融机构购买国债，给各类金融机构提供流动性支持，刺激了企业投资和居民消费，进而影响到总需求。

伯兰克和布林达在凯恩斯 $IS-LM$ 模型的基础上引入了金融资产的差异性，用 CC（credit，commodity，信贷市场与商品市场的同时出清）曲线替代 IS 曲线，建立了 $CC-LM$ 模型，包括了货币、债券、银行贷款 3 种金融资产，其中，投资由风险债券利率和银行贷款利率决定，CC 曲线和 LM 曲线的交点即债券利率和国民收入的均衡点[①]。$CC-LM$ 模型的利率传导机制如图 2-9 所示。

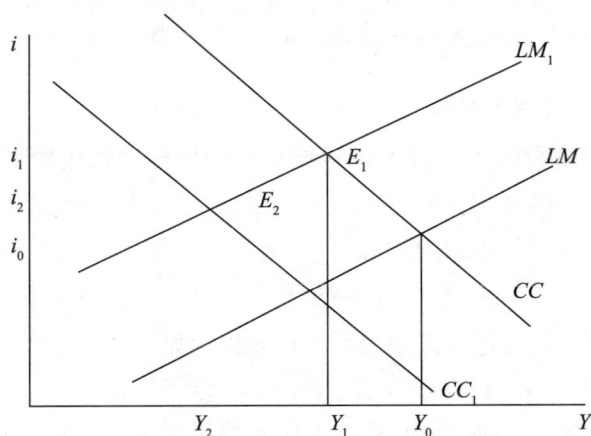

图 2-9 $CC-LM$ 模型：货币政策的信贷传到机制

$CC-LM$ 模型所示的货币政策传导机制：当央行实施扩展（紧缩）的货币政策时，一方面会使银行活期存款增加（减少），LM 曲线就会右下移至 LM_1，使利率从 $i_0 \rightarrow i_1$，国民收入从 $Y_0 \rightarrow Y_1$；另一方面，由于银行贷款供给量 CC 曲线右上移至 CC_1，使最终收入从 $Y_1 \rightarrow Y_2$。

① 曾宪久. 货币政策传导机制论 [M]. 北京：中国金融出版社，2004：184-185.

以上模型中传导机制还可以表示为：

$$M\uparrow(\downarrow)\rightarrow D\uparrow(\downarrow)\rightarrow i\downarrow(\uparrow)\rightarrow P\downarrow(\uparrow)\rightarrow L\uparrow(\downarrow)\rightarrow K\uparrow(\downarrow)\rightarrow Y\uparrow(\downarrow)$$

央行实行扩张（紧缩）性货币政策时，商业银行法定存款准备金数量 R 就会减少（增加），使得货币供应量 M 增加（减少），利率会随之下降（上升），银行资产价格 P 下降（上涨），进而使央行流动性 L 增加（减少），就会使信贷供给量 K 增加（减少），使最终收入 Y 增加（减少）。

综上所述，银行贷款渠道的传导机制如图 2-10 所示。

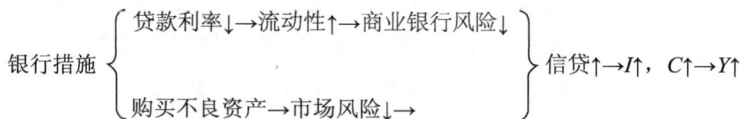

$$\text{银行措施}\begin{cases}\text{贷款利率}\downarrow\rightarrow\text{流动性}\uparrow\rightarrow\text{商业银行风险}\downarrow\\\\\text{购买不良资产}\rightarrow\text{市场风险}\downarrow\rightarrow\end{cases}\Bigg\}\text{信贷}\uparrow\rightarrow I\uparrow,C\uparrow\rightarrow Y\uparrow$$

图 2-10　银行贷款渠道的传导机制

从以上分析可见，危机救助的非常规货币政策并没有开辟新的传导渠道，而是着力于通过改善（如承诺效应）和疏通（如购买私人债券缩短政策传导过程）政策传导渠道来增强货币政策效果。

2.3.4　汇率渠道的传导机制

非常规货币政策除了通过上述 3 种渠道传导机制促进经济运行外，还通过汇率渠道的传导机制来发挥作用。在危机期间，央行通过非常规货币政策大量购买长期国债（货币超发的形式），增加货币供给，从而引发了市场对本币贬值的预期，导致汇率变动，进一步刺激出口，增加总需求。

危机救助货币政策通过汇率渠道的传导机制如下：

$$M\uparrow(\downarrow)\rightarrow i\downarrow(\uparrow)\rightarrow E\uparrow(\downarrow)\rightarrow NX\uparrow(\downarrow)\rightarrow Y\uparrow(\downarrow)$$

即货币供应量 M 增加（减少），会使本国利率下降（上升），导致本国汇率 E 上升（下降），从而使净出口 NX 增加（减少），使最终总产出 Y 增加（减少）。

在危机期间，实施非常规货币政策的过程中，基本上是通过以上几种渠道的传导机制来发挥货币政策的作用，从而影响实体经济的复苏的。而且，非常规货币政策的持续效应和汇率下降效应已得到国内外众多学者的一致认可，但对于资产再平衡效应尚未得到一致的认可。

综上所述，危机救助货币政策的传导机制如图 2-11 所示。

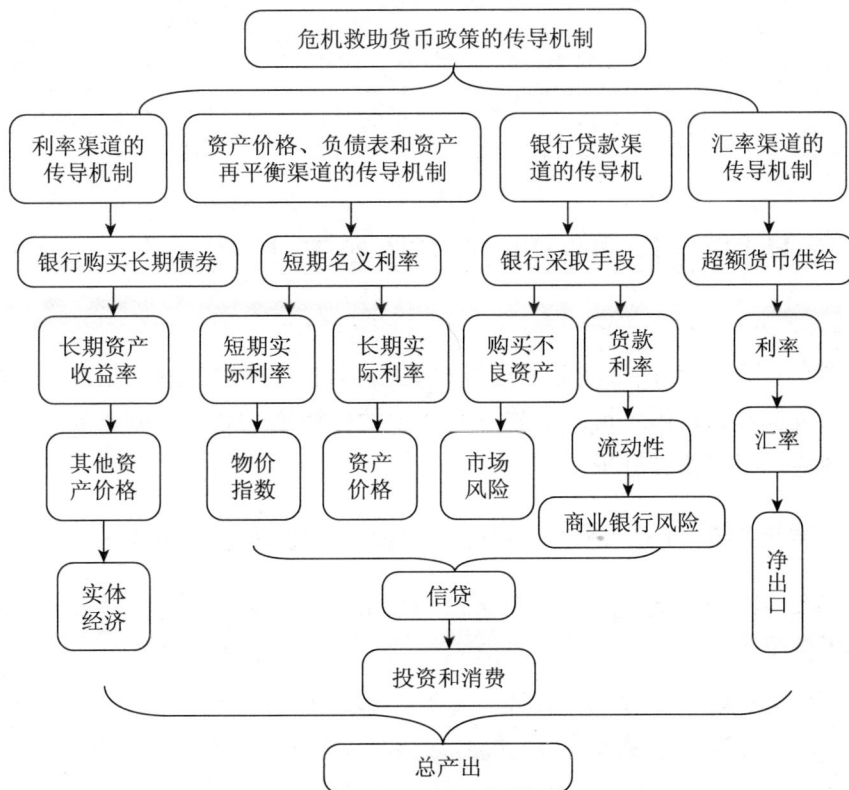

图 2-11　危机救助货币政策的传导机制

2.4　小结

综上所述，各学派有关危机救助货币政策的观点和主张，以及危机救助货币政策的目标、工具及传导机制是危机救助货币政策操作的理论依据。本章通过对各流派危机救助货币政策理论，主要是凯恩斯学派、新古典综合派、货币主义学派、理性预期学派、新凯恩斯学派关于危机救助的不同观点进行分析，并在此基础上深入分析危机救助货币政策的目的、工具和传导机制，为后续章节的研究奠定了理论基础和依据。

3 发达国家危机救助货币政策及其效应

本章对 2008 年的全球金融危机和 2010 年的欧洲债务危机救助中主要发达国家危机救助货币政策的实施及其产生的经济增长效应、就业效应和通货膨胀效应进行了比较分析。

3.1 美国危机救助货币政策的实施及其增长效应和通胀效应

2008 年全球金融危机是大萧条以来危害最大、影响最深、波及范围最广的一次国际金融危机。虽然美联储实施的金融危机救助的货币政策，对于维护金融稳定，刺激经济复苏发挥了重要作用。尤其是，先后几轮量化宽松货币政策的实施取得了显著效果。但与此同时这种所谓"印钞票"的特殊政策，为之后众多国家的通货膨胀和资产价格泡沫风险埋下了隐患。为此，深入研究美国危机救助货币政策的实施及其产生的经济增长效应、就业效应和通货膨胀效应，总结其经验与教训，不但有利于把握央行金融危机救助理论和实践的发展和完善，而且有利于央行完善金融危机救助机制，提高危机救助货币政策的正效应，预防或减少其负效应的产生。

3.1.1 美联储危机救助货币政策

在 2007 年美国次贷危机爆发之初，美联储联合采用了常规货币政策和非常规货币政策。首先，美联储及时启动了常规货币政策工具，积极采取了大幅降低基准利率的措施，同时还使用了不断缩小贴现窗口的贷款利率和记账利率的利差等常规货币政策手段。其次，通过各种信贷创新机制，加大了公开市场投放流动性的力度。此外，先后 4 次实施了量化宽松的货币政策。

1. 美联储危机救助的常规货币政策

美联储为了抑制危机的恶化，首先采用的危机救助货币政策措施是通过公开市场操作连续降低基准利率、下调再贴现率以及调整存款准备金利率等

52

常规的货币政策工具。

（1）高频率下调利率

美联储通过降低基准利率影响金融系统的整体利率水平，以刺激消费，增加流动性。自 2007 年 8 月次贷危机爆发之后，为尽快降低危机的加深程度，美联储先后 10 次连续大幅降低利息，累计下调基准利率 500 个基点，联邦基金目标利率从 5.25％降到目标区间 [0，0.25％]，并决定将该低利率政策维持到 2015 年（见图 3‐1 和表 3‐1）。

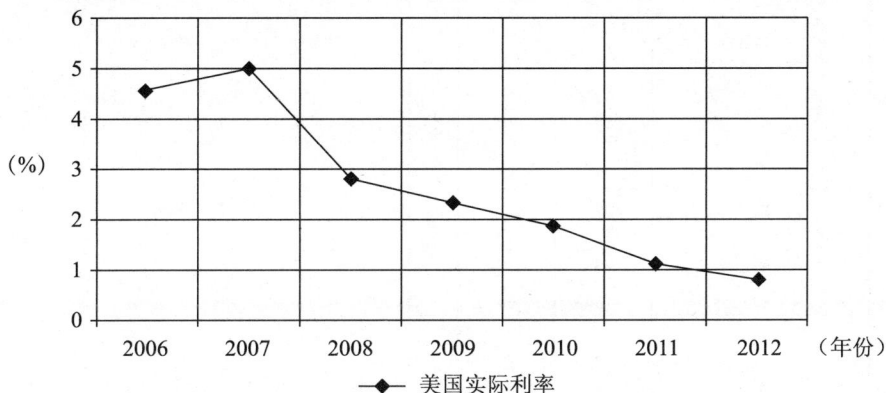

图 3‐1　美国 2006—2012 年的实际利率变化情况

数据来源：汤森路透。

从图 3‐1 可以看出，受危机冲击，美国经济急剧恶化，为缓解金融机构和市场流动性短缺，美联储在短期内多次下调利率，使美国实际利率由危机前的 5％急剧下降到接近零利率的历史最低水平。

表 3 - 1

美联储应对危机调整基准利率的情况表

实施时间 / 利率及调隔	2007.8.19	2007.10.31	2007.12.11	2008.1.22	2008.1.30	2008.3.18	2008.4.30	2008.10.8	2008.10.29	2008.12.16
调前利率（%）	5.25	4.75	4.50	4.25	3.50	3.00	2.25	2.00	1.50	1.00
调后利率（%）	4.75	4.50	4.25	3.50	3.00	2.25	2.00	1.50	1.00	0～0.25
下调基点	50	25	25	75	50	75	25	50	50	75～100

资料来源：Reucters Eco Win.

（2）下调贴现利率

在下调联邦基金利率的同时，下调贴现利率，缩小了联邦基金利率与再贴现率间的差额。自 2007 年 8 月 17 日起，美联储先后 12 次下调再贴现率，到 2008 年 12 月 19 日再贴现率降至 0.5%，累积下调再贴现率 575 个基点，同时使联邦基金利率与再贴现率的差额缩小至 25 个基点（见表 3-2）。

表 3-2　　　　　　　　　美联储再贴现率调整情况表

时间	下调前再贴现率（%）	下调后再贴现率（%）	下调幅度（基点）	再贴现率与联邦基金利率之差（基点）
2007.8.17	6.25	5.75	50	50
2007.10.31	5.75	5	75	50
2007.12.11	5	4.75	25	50
2008.1.22	4.75	4	75	50
2008.1.30	4	3.5	50	50
2008.3.16	3.5	3.25	25	25
2008.3.18	3.25	2.5	75	25
2008.4.30	2.5	2.25	25	25
2008.10.8	2.25	1.75	50	25
2008.10.29	1.75	1.25	50	25
2008.12.19	1.25	0.5	75	25

资料来源：Reucters Eco Win.

（3）下调存款准备金率

2008 年 10 月 15 日，美联储首次宣布向法定和超额存款准备金支付利息，通过刺激银行间市场的准备金需求，以期达到稳定利率水平的目的。2008 年 12 月 16 日，美联储将利率降至 0.79%，超额准备金利率降至 0.25%。8—12 月 4 个月内，美国基础货币供应量增加了 96.2%[①]。

（4）公开市场操作

自 2007 年 8 月起，美联储推出了 7 天期限的公开市场操作。2007 年 11 月，又推出了为期 43 天的回购操作。而到 2008 年，美联储又进行了多次为

① 数据来源：http：//www.federalreserve.gov/relcase/h6/current/h6.htm.

期 28 天的回购操作。另外，为满足货币市场和金融机构的资金需求，美联储不但增加了长期性的公开市场操作，而且扩大了可供交易的有价证券的品种等多种政策工具。为了增加银行体系的可用资金，缓解信贷紧缩的压力，美联储在 2008 年 11 月 25 日出台了 8000 亿美元的救市计划。通过公开市场操作手段，先后向市场注入的流动性累计达到 8600 多亿美元。

2. 美联储危机救助的非常规货币政策

货币政策通过利率传导机制有效传导到实体经济需要经过如图 3-2 所示的环节。

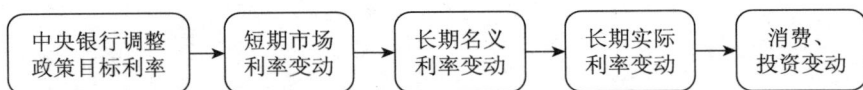

图 3-2　货币政策通过利率传导机制有效传导到实体经济各环节

在全球金融危机救助中，随着危机的加深，由于风险急剧上升，常规货币政策的局限性日益呈现，已无实施空间。美联储在短期内大幅降息至零利率区间，没有发挥出预期的作用。为此，美国和其他一些发达国家转而实施非常规货币政策。美联储率先决定使用非常规方法，实施额外的货币刺激政策。

（1）零利率政策的实施和维持

在常规货币政策传导渠道受阻之后，中央银行给常规货币政策赋予非常规性职能的同时，还创新了非常规货币政策工具，目的是通过各种非传统操作影响市场利率，发挥货币政策刺激产出的作用，以促进金融市场及实体经济的恢复[1]。除了自 2008 年 12 月将利率降至历史最低点零利率区间 [0，0.25%] 外，一直维持如此低的基准利率水平。2012 年 9 月 14 日再次承诺维持这一超低利率直到 2015 年。在 2012 年 12 月，美联储又承诺维持"极低利率"，至少要使失业率低于 6.5%。

（2）增加流动性的货币政策工具

危机救助期间，美联储为了抑制危机的程度加深，直接向金融体系注入流动性，创新并使用诸多货币政策工具。通过 IMF 的研究来看，美联储实施的非常规货币政策措施主要有以下 3 种：针对金融机构的流动性工具；针对金融市场的流动性工具；针对一级交易商的流动性工具。

① 刘鹤. 两次全球大危机的比较研究 [M]. 北京：中国经济出版社，2013：81.

①针对金融机构流动性的定期拍卖工具（TAF）。美联储为了避免出现流动性挤兑现象，2007 年 12 月 27 日推出了针对存款机构的新型融资工具定期拍卖工具（Term Auction Facility，TAF）。通过 TAF 每月两次向存款类金融机构发放短期贷款①。定期拍卖工具允许用抵押担保凭证做抵押，扩大了存款类金融机构的可抵押物范围，而且 TAF 的利率低于再贴现率，十分接近市场预期（贷款利率是由金融机构根据自身的融资成本拍卖决定的固定利率）。此外，定期拍卖工具还能延长借款期限（28～84 天），可以相对自如地掌握注入流动性的规模和时间。TAF 累计共向存款类金融机构提供了 2320 亿美元的短期贷款，从而有效降低了存款类金融机构的流动性风险，TAF 于 2010 年 3 月 8 日完全退出了市场。

②针对金融市场的流动性工具。针对金融市场的流动性工具包括以下几种：美联储为企业提供的日常的流动性支持，为确保商业票据市场的稳定性，于 2008 年 10 月 7 日设立了商业票据融资工具 CPFF，该做法已经于 2010 年年初退出了市场；为了帮助中小借款者解决巨大的融资问题，针对消费贷款和小额贸易贷款的支持证券工具。2008 年 11 月 25 日，美联储推出了定期资产抵押证券贷款工具（TALF），TALF 的实质是激发银行的信贷能力，推动消费市场的复苏，美联储变相给中小借款者融资提供担保；为了维护货币市场的稳定性，帮助投资者调整投资组合为其提供流动量支持，2008 年 10 月 21 日，美联储设立了货币市场投资基金工具（MMIFF）；随后，为了维持商业票据市场的稳定性，促进金融市场的稳定，2008 年 9 月 19 日创立了资产支持商业票据货币市场基金流动性工具（AMLF）。

③针对一级交易商的流动性工具。针对一级交易商的流动性工具：一级交易商信贷工具 PDCF（Primary Dealers Credit Facility）和定期证券借贷工具 TSLF（Term Securities Lending Facility）。针对投资银行等市场交易商的隔夜融资机制，美联储于 2008 年 3 月 16 日推出了最长期限可延至 120 天的一级交易商信贷工具 PDCF。通过 PDCF 可直接使用美联储的贴现窗口融资，以回购协议的方式隔夜拆借，从而消除交易商面临的流动性短缺风险。2008 年 3 月 11 日，美联储批准了定期证券借贷工具 TSLF。TSLF 是证券交易商以证券商品为抵押与 Fed 交换美国政府公债，并通过销售美债获取现金的工具（见表 3-3）。

---

① 冯肖肖. 非常规货币政策研究 [D]. 暨南大学，2011：20-21.

表3-3　　　　　　　　　美联储增加流动性的货币政策工具

政策工具	实施时间	救助对象	救助方式	救助金额
定期拍卖工具（TAF）	2007.12.12—2010.10.3	存款机构	以拍卖方式提供固定期限的短期贷款	37150亿美元
定期证券借贷工具（TSLF）	2008.3.11—2010.2.1	证券交易商	以证券商品为抵押与Fed交换美国政府公债	2000亿美元
一级交易商信贷工具（PDCF）	2008.3.16—2010.2.1	投资银行	使用贴现窗口融资，以回购协议的方式隔夜拆借	1860亿美元
定期资产抵押证券贷款工具（TALF）	2009.3.19—2010.6.30	存款机构及银行控股公司（中小借款者）	以AAA级的资产支持证券的市场价值做抵押	1.75万亿美元的抵押贷款支持证券
资产支持商业票据货币市场基金流动性工具（AMLF）	2008.9.19—2010.2.1	存款机构		
商业票据融资工具（CPFF）	2008.10.7—2010.2.1	资信较好的公司	提供3个月期限的贷款，利率高于正常的市场利率	
货币市场投资基金工具（MMIFF）	2008.10.21—2009.10.30	投资者		

资料来源：根据美联储货币政策资料整理。

（3）量化宽松的货币政策

2009年3月，美联储首次实施了第1轮危机救助的量化宽松货币政策（QE1）。实施QE1期间，每个月平均购买约1150亿美元的国债，累计购买了1.725万亿美元的中长期国债和抵押贷款来支持证券资产，旨在拉动投资，刺激经济企稳回升，但事与愿违，美国经济并没有随着QE1的实施而摆脱增长动能衰竭的困境，失业率依然维持在9%左右的高水平之上，经济增长没有明显回转；随后，在2010年11月美联储推出了第2轮危机救助的量化宽松货币政策（QE2）。在QE2实施期间，美联储每月平均购买国债约750亿美元，

到 2011 年 6 月累计购买了 6000 亿美元的美国长期国债，总体规模比 QE1 下降了不少，同时，基准利率维持在 0～0.25% 的低水平不变。2012 年 9 月 13 日，美联储宣布实施第 3 轮危机救助的量化宽松货币政策（QE3），并承诺在 QE3 实施期间，为支持证券，将向二级市场购买 400 亿美元/月的机构抵押贷款。计划停止 QE3 实施的条件是失业率降至 7% 以下，而且决定将维持之前的基准利率超低区间，并将时限从之前设定的 2014 年年底延长到至少 2015 年年中。QE3 的实施使得 2012 年年底美国整体经济形势好于 QE1、QE2 实施期间，因此，到 12 月 12 日，美联储宣布实施第 4 轮量化宽松货币政策（QE4）。在 QE4 实施期间，承诺购买平均 850 亿美元/月的长期国债。为替代之前的扭转操作，将其中每月的 450 亿美元用来采购国债。同时，宣布在失业率高于 6.5% 且未来一两年内通胀率预期不超过 2.5% 的情况下，美联储将会继续维持 [0，0.25%] 的超低利率水平。4 轮量化宽松货币政策的执行情况及其影响具体见表 3－4。

表 3－4　　　　　　　　美联储量化宽松货币政策的实施情况

量化宽松货币政策（QE）	时间	投入金额	QE 对金融市场的影响	QE 对 GDP 的影响	赤字占 GDP 之比（%）	中央政府负债占 GDP 之比（%）
QE1	2008.11—2009.9	期间购买了 1.725 万亿美元资产	2008 年年底至 2009 年年底道琼斯涨幅约 20%	2009 年中期 GDP 开始由负转正，四季度增速超过 5%	2009 年上升至－10.41%	2009 年上升至 67.88%
QE2	2010.11—2012.6	分别于 2011 年 6 月底前和 2012 年 6 月底前购买 6000 亿美元和 4000 亿美元美国长期国债	2010 年年底至 2011 年年底道琼斯涨幅约 10%	2011 年 4 个季度 GDP 均维持在正值，四季度 2.8%	2010 年为－10.49%，2011 年仍在－8.77%	2010 年上升至 99%，超过国际警戒线约 40%

量化宽松货币政策（QE）	时间	投入金额	QE对金融市场的影响	QE对GDP的影响	赤字占GDP之比（%）	中央政府负债占GDP之比（%）
QE3	2012.9	每月购买400亿美元抵押贷款支持证券	发布当天纽约股市3大股指涨幅约1%	美国GDP增长率在2012年第3季度已达2.8%，比第2季度高1.6%	2010财年赤字水平为－10.49%，2011财年降为－8.77%	美国政府债务与GDP之比2012年为101%，2012年上升为107%
QE4	2012.12	每月购买850亿美元抵押贷款支持证券	发布1个月内3大股指上涨约4%	2013年第2季度美国GDP增长率为2.5%，环比增长1.3%		

资料来源：根据世界银行、WIND数据、新华网资料整理。

3.1.2 美国危机救助货币政策的增长效应

1. 美国危机救助货币政策的经济增长效应

美联储为了抑制危机的蔓延并促进美国经济的复苏，实施了危机救助的货币政策，及时向金融领域注入大量流动性的措施有效消除了流动性不足的威胁，从而防止了危机的加深和恐慌的蔓延，发挥了稳定金融体系，进而促进经济复苏的积极作用。美国公布的经济数据显示，美国经济在经历2008—2009年的低迷之后，在危机救助货币政策的刺激和财政政策及其他政策的辅助下，从2009年第3季度开始美国GDP在连续4个季度下滑后首次出现增长。2009年后半年起美国经济已然企稳，至2010年大幅回暖。尽管受欧债危机影响又出现了小幅下降，其后GDP数据一直处于波动状态，但在2013年终于出现缓慢爬升势头。具体而言，"首先，及时拯救了许多面临破产的企业以及金融机构，避免了系统性金融风险的发生；其次，美联储大量流动性的注入，缓解了金融市场的信贷萎缩，同时提振了市场信心，从而有效促进了

金融市场的正常运行"①。

从图 3-3 可以看出，M2 和 GDP 呈现出非常相似的变动趋势。次贷危机爆发初期，美国 GDP 增长率呈上升趋势，到 2008 年后半年美国 GDP 增长率出现了大幅下滑。美联储自 2008 年年初持续通过各种渠道向金融领域注入流动性以来，M1 的供给量从 2008 年第 1 季度的 17980.6 亿美元持续增加，到 2013 年第 3 季度达到 35819.1 亿美元的最高水平，增长率高达 99.2%；M2 也自 2008 年 1 月以来不断走高，2012 年第 4 季度达到危机以来的最高点 144490.1 亿美元，增长率达到 48.4%。与其同时，伴随着危机救助政策的实施，美国经济开始逐渐复苏。GDP 从 2009 年第 2 季度的最低水平（14356.9 亿美元），到 2010 年第 4 季度已经提高到 14942.4 亿美元。大危机尚未结束又受欧洲债务危机的影响，真可谓屋漏偏逢连夜雨，这使得美国 GDP 刚开始缓慢回升又受阻转向小幅下降，2011 年第 1 季度降至 14894.0 亿美元。在美联储持续实施的 QE3 和 QE4 的刺激下，经济又开始持续缓慢上升，到 2013 年第 2 季度 GDP 上升至 15679.7 亿美元，呈现出明显上升的趋势。从 GDP 增长率看，大危机的冲击使得美国 GDP 增长率从 2007 年第 3 季度的 2.7% 急转下降至 2008 年第 1 季度的 -2.7%，第 2 季度又升至 2% 后开始持续下降，到第 4 季度降至谷底的最低点 -8.3%。同样，在美联储危机救助货币政策措施的实施下，GDP 增长率又开始缓慢上升，逐步升至 2010 年第 2 季度的 3.9%。但好景不长，由于又遭遇欧洲债务危机，受其影响，GDP 增长率又开始下降到 2011 年第 1 季度的 -1.3%，之后在相应的救助措施下又开始缓慢回升，第 4 季度达到 3.9%。但 2012 年又开始下滑，到第 4 季度降至 0.1%，2013 年开始小幅缓慢上升，但涨幅不大，第 2 季度 GDP 增长率为 2.5%。显然，这点足以证明美国经济在逐步回升，同样也验证了美国危机救助货币政策的实施是相对有效的。

总体而言，在危机救助货币政策和财政政策及其他相关政策的推动下，美国经济增长率从 -8.3% 的低谷缓慢回升了，虽然经济的复苏过程艰难曲折，但总体上呈现出显著的曲折上升趋势。特别是图 3-3 中 M2 曲线和 GDP 曲线呈现出非常相似的变动趋势，充分表明美联储实施的危机救助货币政策对促进美国经济的回升发挥了至关重要的作用。事实的确如美联储主席伯南

---

① 马宇. 量化宽松货币政策的理论基础、政策效果与潜在风险 [J]. 武汉大学学报，2011 (3): 72.

克所言："危机爆发后若不立即救助，全球经济的衰退可能更深、更久远"。
（本·伯南克，2009）尤其是美联储危机救助的货币政策，有效抑制了危机的
加深程度，阻止了美国经济"自由落体式"的下降，并对刺激美国经济的复
苏起到了至关重要的作用，取得了显著的政策效果①。

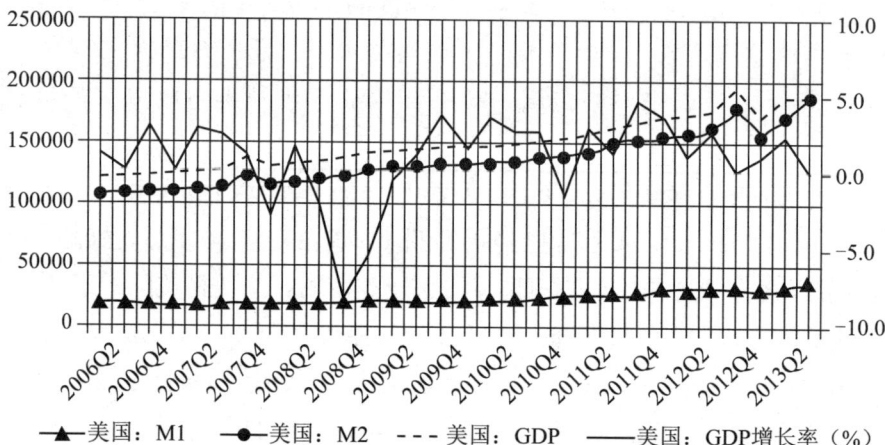

图 3-3　2006 年第 2 季度—2013 年第 2 季度美国 M1、M2、GDP 及 GDP 增长率的变化情况
数据来源：汤森路透。

2. 美国危机救助货币政策的就业效应

从图 3-4 中可以看出，美国失业率在危机发生前、危机期间以及危机之
后都出现了较大的波动。美国失业率从 2006 年年初的 4.6% 升至 2007 年 12
月的 5%，显然，危机之初，次贷危机对就业没有产生负面影响，或者说对就
业的影响是滞后的。随着危机的加深，次贷危机对就业的影响逐渐明显，到
2008 年 2 月失业率达到 7.3% 的高位。由于存在时滞，美联储实施的一系列
危机救助的货币政策措施似乎对就业并未起到什么作用，美国常规货币政策
的实施并没有使就业率有所上升，相反，失业率在近两年的时间内一路攀升
（见图 3-4）。促进充分就业与维持物价稳定是中央银行的两项基本目标，在
兼顾物价稳定目标的前提下，货币政策的目标是降低失业率。虽然美联储不
断实施非常规的货币政策，但是劳动力市场并没有大幅改善，美国仍需要一

---

① 穆争社．量化宽松货币政策的特征及运行效果分析［J］．中央财经大学学报，2010（10）：27.

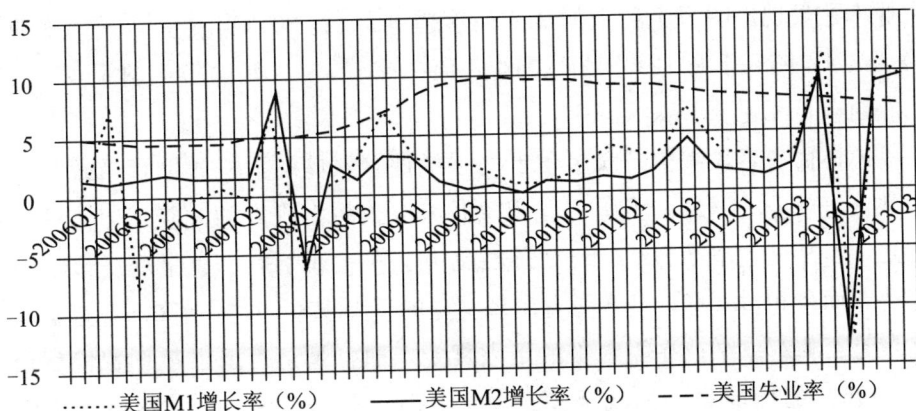

图3-4 2006年1月—2013年9月美国M1、M2增长率及失业率的变化趋势

数据来源：汤森路透。

系列刺激就业的政策措施，以改善就业市场①。基于此，积极提振制造业等来增加就业，使得就业率小幅下滑后，美国经济于2009年5月开始有所上升。虽然2009年第4季度美国工业呈现缓慢恢复趋势，但这种"无就业式"的好转迹象不利于美国整体经济的复苏。2009年10月美国失业率进一步上升，达到10%的历史新高。此后，在美联储危机救助货币政策的持续实施，以及在美国政府积极财政政策的配合下，美国的失业率开始缓慢下行。虽然大多数宏观经济指标显示出乐观的趋势，但失业率依然未出现明显下降，从2009年第3季度到2011年第3季度一直在9%以上徘徊，就业市场的关键指标——就业参与率和失业率仍然未改善，直到2011年3月才降到6.9%，2011年4月又出现小幅上升，这表明美国就业市场仍不稳定。2008年12月—2011年11月，美国失业率已连续36个月超过7%，28个月超过9%，就业形势异常严峻。而这期间，美国持续实施危机救助的宽松货币政策，因为其对实体经济的刺激作用不明显，所以其对就业增加的促进作用异常缓慢。李向前等（2012）通过实证发现，美联储实施非传统货币政策，虽然对于维护主要金融市场的稳定、提高产出与增加就业岗位的确有益，但是，美国的失业率仍在8%以上，他们认为仅依靠货币政策并不能完全解决美国的就业问题。直到2011年第4季度美国持续实施的危机救助货币政策对就业增加的促进作用，

---

① 李向前，郭强. 美联储非传统货币政策及其对我国货币政策的启示［J］. 经济学动态，2012（11）：81-85.

失业率才呈现出明显且稳定的缓慢回落趋势。"到 2013 年 1 月，美国失业率为 7.9%，略高于 2012 年 12 月的修正值 7.8%"，[①] 2013 年 7 月才降至 6.9% 的相对较低水平。

总体而言，虽然美国众多学者一再批评美联储的危机救助货币政策并未有效促进就业的增加，美国失业现象并未取得较大程度的改善，但值得注意的是，自从失业率从 2009 年 10 月触及 10% 的高位后，一直呈现缓慢下降的趋势，而且相对平稳，基本没有出现明显的反弹现象。失业率 6.5% 是美联储衡量是否将利率维持在零水平的下限规定，而且是是否退出量化宽松货币政策（QE）的标准之一。截至 2013 年 12 月，美国 6.9% 的失业率的确距离 6.5% 已经很接近了，而且美国的失业率在持续回落，这表明美国危机救助的货币政策的就业效应虽然存在时滞，没有达到立竿见影的预期效果，但依然对促进就业的增加有着不可忽视的重要作用。尤其是，随着 M1、M2 供给量的逐渐增加，美国经济自 2009 年后半年开始企稳回升，美国失业率逐渐下降，虽没下降到危机之前 4.6% 的较低水平，但美国实施的危机救助货币政策的确对就业的增加发挥了作用，使美国失业率趋于稳定下降的态势。从这一角度看，美国危机救助的非常规货币政策的实施，对稳定失业率，增加就业，并使之不至于出现大幅波动，而且缓慢下降，起到了非常重要的作用。

3.1.3　美国危机救助货币政策的通胀效应

凡事有利也有弊，美国实施的危机救助货币政策也不例外。为刺激经济的复苏，美国持续扩张货币供给量，在促进经济缓慢复苏的同时，也带来了通货膨胀的隐患[②]。

图 3-5 为危机前后（2006 年 9 月—2013 年 9 月）美国通胀率的变化趋势。2006 年年初—2008 年 8 月 CPI 指数由 118.41 上升至 126.93，自 2008 年第 2 季度起通货膨胀压力呈现出先升后降的趋势，CPI 增长率从 2007 年 3 月的 2.8% 升至 2008 年 7 月的 5.5%，达到 18 年以来的最高点。此后，CPI 指数随着金融危机的进一步恶化而快速回落，9—12 月，短短 3 个月内跌破 3 年

---

① 洪曦. 后金融危机时代的美联储货币政策简析 [J]. 现代商业，2013 (6)：55.
② 王剑，万解秋. 金融危机后货币政策传导机制的失灵与重塑 [J]. 求是学刊，2013 (1)：68-72.

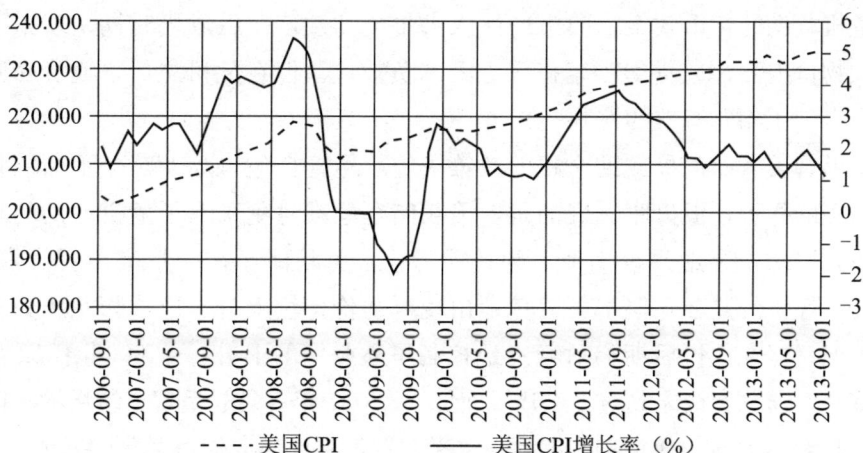

图 3－5　2006 年 9 月—2013 年 9 月美国通货膨胀率走势

数据来源：世界银行数据库。

来的最低点。由于市场和金融机构流动性短缺，美国民众消费水平下降，随之 CPI 增长率也一路下滑，到 2008 年 11 月降至－1.96％的新低水平。为了抑制危机的进一步加深，尽快促进经济的复苏，2007 年年底—2010 年 11 月，美国政府为增加市场和金融机构流动性而实施了一系列危机救助的政策措施，尤其是两轮量化宽松货币政策（QE1、QE2）的实施，共向市场注资近 2.3 万亿美元。大量货币的投放超过了实际的货币需求量，货币供给大于货币需求导致物价不断攀升，美国通货膨胀率又呈上升趋势。2009 年 3 月之后，美国 CPI 指数较之前上升加快，而 CPI 同比增长率从 2008 年 11 月的最低点也一路小幅波动式爬升，到 2011 年 1 月又达到 3.86％的第二高水平。显然，美国危机救助货币政策的实施在美国经济尚未达到预期的增长效应之时，又不可避免地呈现出了物价攀升的负效应，使美国面临着比较严重的通货膨胀压力[①]。从图 3－5 可以发现，美国通货膨胀率从 2010 年 11 月开始上升幅度加大，持续呈现上升趋势。2013 年 9 月美国 CPI 指数达到 233.95，是近几年的最高点，但可喜的是，美国 CPI 增长率自 2011 年 9 月起呈现出明显的下降趋势，虽然在 2012 年 5 月—2013 年 7 月小幅波动，但通货膨胀率依然处在 2％左右的相对较低水平，2013 年后半年呈现出明显的下降趋势。显然，美国实

----

① 马红霞，孙雪芬. 金融危机期间美联储货币政策效果研究——基于货币市场的实证分析[J].世界经济研究，2011（2）：11－12.

施危机救助的货币政策，向市场注入大量流动性，在后危机时期呈现出了明显的物价上涨、通货膨胀率持续上升的负效应。但在危机之后，通货膨胀的上升得到了相对有效的控制①。

纵观美联储危机救助全程的政策措施，尽管自危机爆发至今不断面临批评人士的指责，但毋庸置疑的是，美联储在危难时刻采取了危机救助的货币政策，以防止金融系统崩溃。到目前为止，美联储还在大量增加货币供给，以促进经济的复苏，但不可避免地出现了物价持续上升、通货膨胀压力提升的情况。好在危机后期相对稳定地控制了通胀率的上升，从 2008 年 12 月起到现在，通胀率尚未超过 3.86%，而且从 2011 年 9 月起呈现出缓慢的下降趋势。相对不太高的通货膨胀率增长水平，并没有引起人们对通胀的恐慌。

3.2 欧盟危机救助货币政策的实施及其增长效应和通胀效应

在 2008 年爆发的全球金融危机尚未平息之际，2009 年始于希腊的欧债危机接踵而至，致使欧盟刚刚有所好转的经济再次陷入大衰退。为了抑制危机蔓延，尽快促进经济再复苏，欧盟中央银行联合运用了常规和非常规的货币政策。在短期内，这的确有效地抑制了危机的冲击，稳定了金融市场。此外，欧盟成员国银行也采取了以危机救助的货币政策为主的一系列刺激经济复苏的政策措施，使欧盟经济再次出现了缓慢复苏的迹象，并且逐渐控制了通货膨胀率的大幅波动，但危机的影响至今尚未消除。

3.2.1 欧盟危机救助货币政策

1. 危机救助的常规货币政策

在全球金融危机的救助中，2008 年 9 月 15 日，欧洲央行首次向商业银行系统注入期限为 1 天、平均利率为 4.39% 的资金共 300 亿欧元；为缓解金融市场流动性，2008 年 10 月 15 日，欧洲央行、英格兰银行和瑞士央行宣布共同向金融机构注入 2540 亿美元的联合救市资金。

欧债危机之初，欧洲央行首先实施了常规货币政策，"通过公开市场操作注入流动性，包括每周开展的为期 1 周的主导再融资操作，每月开展的为期 3 个月的长期再融资操作，以及微调操作和结构性操作主导再融资操作，是为

---

① 闫屹，王莉．金融危机以来美国货币政策对我国影响及对策［J］．华北金融，2012（7）：30．

了确保欧元区主导利率的信号传递①"。其中，长期再融资操作是注入流动性的主要常规手段。到 2009 年中期，利率水平降低至 1%，该低利率水平一直维持至 2011 年 3 月。随后，为应对物价上涨，在 2011 年 4 月 13 日和 7 月 13日欧洲央行两次上调利率后，通过非常规货币政策来增加流动性，满足金融机构需求。随着危机的蔓延，欧洲央行又在 2011 年 11 月、12 月两次将主导利率降至 1%，危机进一步恶化。欧洲央行不得不在 2012 年 7 月 5 日将欧元区主导利率下调至 0.75% 的历史最低水平，同时将边际贷款便利利率下调为1.5%，将存款便利利率下调为 0。而为了释放金融机构的流动性，2011 年 8月欧洲央行将存款准备金率从 2010 年的 2% 降至 1%，并维持到 2012 年 7 月。欧洲央行先后 7 次降低其政策利率，再融资利率累积降低了 325 个基点。"2010 年 5 月—2012 年 5 月，欧洲央行共通过固定利率全额分配招标的方式，以 3 个月长期再融资操作注入流动性 13238.9 亿欧元，微调操作和结构性操作主要是为了对冲注入银行体系的流动性"②。2012 年 10 月 8 日，欧洲央行正式启动 5000 亿欧元的欧元区永久援助基金（ESM），以增强欧元区对主权债务危机的防卫能力。具体措施如表 3 - 5 所示。

表 3 - 5　　　　　　　欧债危机救助的常规货币政策实施情况

政策工具	实施时间	实施措施及规模
主导利率	2008 年 10 月 8 日	欧洲央行降息 50 个基点，随后又多次下调
	2009 年 5 月	欧元区主导利率降至 1%；存款利率降至 0.25%；边际贷款利率降至 1.75%
	2011 年 4—7 月	将主导利率升至 1.5% 的水平
	2011 年 11 月	多次下调利率，将主导利率降至 1%
	2012 年 7 月 5 日	欧洲央行将主导利率从 1% 下调至 0.75% 的历史最低水平
再贴现	2007 年 8—12 月	欧洲央行共提供了 8330 亿欧元的备用贷款便利额度，并延长原来 3 个月的贷款期限至 1 年
	2008 年	欧洲央行共提供了 15440 亿欧元的备用贷款便利额度
	2009 年 1—6 月	欧洲央行共提供了 14670 亿欧元的备用贷款便利额度

① 李亮. 欧债危机中欧央行货币政策应对和实施效果 [J]. 国际金融研究，2013（3）：63.
② 李亮. 欧债危机中欧央行货币政策应对和实施效果 [J]. 国际金融研究，2013（3）：64.

续　表

政策工具	实施时间	实施措施及规模
公开市场操作	2007 年 8—12 月	欧洲央行安排了一系列隔夜公开市场操作，又增加了 7 天期限的公开市场操作，到第 4 季度制定了新的公开市场操作政策
	2009 年 5 月	欧洲央行将公开市场操作的期限延长至 1 年，并以固定利率和全额满足的方式进行
	2011 年 9 月	欧洲央行进行了多次额外的 3 个月期限的向市场增加美元流动性的公开市场操作，并将这一操作延续到年底

资料来源：根据《欧洲中央银行月报》整理。

2. 危机救助的非常规货币政策

受大危机的影响，欧洲金融市场流动性枯竭，欧洲物价稳定的预期恶化，利率也迅速下调，这使常规货币政策在应对大危机时的传导机制受阻，而且欧元区主导利率已降至历史最低点，已无下调空间。为此，2008 年 9 月之后，欧洲央行实施危机救助的非常规货币政策。而 2009 年欧洲债务危机的爆发，又使欧元区国家陷入前所未有的困境。为了维护欧洲金融市场的稳定，欧盟成员国纷纷采取应对措施。IMF 和欧盟财长会议于 2010 年 5 月宣布实施欧债危机救援的核心政策，积极推出了为期 3 年且总规模高达 7500 亿欧元的系统性救援计划，其中，5000 亿欧元由欧盟各国政府承担，2500 亿欧元备用贷款安排（SBA）由 IMF 承担[①]。欧盟紧接着又在 2010 年 6 月创立了欧洲金融稳定基金（EFSF），并以贷款、担保的方式给陷入困境的成员国提供了 4400 亿欧元的救助资金。其中，欧盟委员会承担 600 亿欧元，作为国际收支援助基金救助陷入困境的成员国。

欧盟实施的危机救助货币政策措施具体如下。

（1）担保债券购买计划（CBPP）

为了使欧元区担保债券市场恢复银行长期融资的功能，欧洲央行 2009 年 6 月宣布实施担保债券购买计划（CBPP），从一级市场和二级市场购买银行担保债券。其中，在 2009 年 7 月 6 日—2010 年 6 月 30 日，实施了第一轮担保

---

① 吴志成，朱旭. 欧盟对欧洲主权债务危机的救助 [J]. 南京大学学报，2013（3）：62.

债券购买计划；在 2011 年 11 月—2012 年 12 月，实施了第二轮担保债券购买计划。这两轮担保债券购买计划共拟购买 1000 亿欧元担保债券。

（2）公开市场固定利率全额分配招标政策

为全额满足欧元区银行流动性需求，恢复货币政策的传输机制，欧洲央行分别在 2010 年 5 月和 2011 年 8 月宣布展开实施公开市场固定利率全额分配招标政策。1 项 6 个月长期再融资操作，不同于公开市场上流动性招标方式，是独有的一种以固定利率、全额分配的方式进行流动性招标的再融资操作，是"加强信贷支持"政策的一部分。

（3）货币互换

为满足欧元区银行长期流动性需求，自 2010 年 5 月起，欧洲央行与美联储等主要经济体中央银行开展货币互换交易，这也是"加强信贷支持"的组成部分。

（4）证券市场计划（SMP）

为了使欧元区政府债券市场恢复融资功能，欧洲央行实施了期限为 2010 年 5 月 14 日—2012 年 9 月 6 日的证券市场计划（SMP），购买了政府债券和私人债券，其中，政府债券主要从二级市场购买。欧洲央行从 2012 年 9 月起，用货币直接交易（OMTs）政策取代了证券市场计划，从二级市场无限制地购买政府债券，以期进一步帮助欧元区政府债券市场恢复融资功能，直到欧洲央行认为达到目的为止。

（5）长期再融资操作（ITRO）

为满足欧元区银行长期流动性需求，欧洲央行分别于 2010 年 5 月 13 日和 2011 年 8 月 11 日实施了 2 项 6 个月长期再融资操作；到 2011 年 12 月 8 日，欧洲央行宣布执行了 2 项 3 年期长期再融资操作。其中，2 项 6 个月长期再融资操作分别为银行提供了 357 亿欧元和 497 亿欧元的贷款；2 项 3 年期再融资操作共向银行提供了 10187 亿欧元贷款。2011 年 11 月起，欧洲央行还实施了 12 个月长期再融资操作。为了向欧元区银行提供 1% 固定利率的无限制贷款，欧洲央行在 2011 年 10 月 27 日实施了 1 项 1 年期长期再融资操作，给银行提供了 12 个月长期抵押贷款，以满足欧元区银行长期流动性需求。2011 年 12 月执行的 1 年期的操作，后来转为 3 年期操作。2011 年 12 月 22 日实施第 1 轮 3 年期再融资操作（ITRO），为欧元区银行提供了 4890 亿欧元的贷款；2012 年 2 月实施第 2 轮 3 年期再融资操作（ITRO），为欧元区银行提供

了 5295 亿欧元的贷款。两轮长期再融资操作，为防止危机的深化、稳定金融市场发挥了重要作用。

欧债危机救助的非常规货币政策实施情况如表 3－6 所示。

表 3－6　　　　　　　　欧债危机救助的非常规货币政策实施情况

政策工具	实施时间	实施措施及规模
证券市场购买计划	2009 年 7 月	欧洲中央银行购买了 600 亿欧元（约 800 亿美元）的抵押贷款或公共部门贷款支持债券
	2010 年 5 月	欧洲中央银行从希腊、西班牙、葡萄牙和爱尔兰买入了 400 亿欧元主权债券
	2011 年 11 月	购买了 2000 亿欧元的政府和私人部门证券①
向金融机构注资或直接提供信贷资金	2011 年 5—12 月	为银行提供了 6 个月和 36 个月长期抵押贷款。2 项 6 个月长期再融资操作分别为银行提供了 357 亿欧元和 497 亿欧元的贷款；2 项 3 年期再融资操作一共向银行提供了 10187 亿欧元贷款
	2011 年 12 月	欧洲中央银行向欧元区 523 家银行提供了 4890 亿欧元的信贷资金，利率仅为 1%，期限为 3 年
	2012 年 2 月	向欧元区 800 家银行提供了总额为 5295 亿欧元的超低利率贷款
为金融机构提供信用担保	2011 年 12 月 8 日	延续 2009 年以来合格抵押品标准，于 2011 年 12 月 8 日放松了抵押品资格，增加了银行再融资合格抵押品的范围
	2012 年 6—9 月	分别于 6 月和 9 月再次放宽抵押品标准，为银行再融资提供支持
货币互换	2010 年 5 月	与美联储开展货币互换交易，并分别于 2010 年 12 月和 2011 年 6 月两次延长与美联储的美元的互换协议，实施至今
	2010 年 12 月	与英镑互换交易，并于 2011 年 8 月延长与英格兰银行英镑货币互换协议，实施至今
	2011 年 11 月 30 日	欧洲中央银行与美联储英格兰银行和日本银行等 6 家中央银行联合发表声明，同意签订临时双边流动性互换协议，相互之间提供协议规定的任何货币的流动性，时间至 2013 年 2 月

———————————

① 尹继志．欧洲央行应对金融危机的货币政策 [J]．宏观经济管理，2012（12）：81－83．

续 表

政策工具	实施时间	实施措施及规模
货币政策国际协调	2011 年 12 月	欧洲中央银行联合美联储，加拿大、英格兰、日本、瑞士等国银行向市场注入美元流动性，以降低欧洲银行业的美元融资成本，将原来的货币互换协议定价的美元隔夜指数互换利率加 100 个基点调整为加 50 个基点
	2012 年 7 月 5 日	欧洲中央银行和中国人民银行同步宣布降息，英格兰银行也于当天宣布扩大量化宽松信贷规模，以应对经济下行的风险

资料来源：根据《欧洲中央银行月报》整理。

3. 欧盟主要国家危机救助货币政策

欧盟主要国家危机救助货币政策的实施情况如表 3－7 所示。

表 3－7   **欧盟主要国家危机救助货币政策的实施情况**

	危机救助的货币政策措施
英国	2008 年 10 月英国政府出台了规模为 5000 亿英镑的巨额救助方案。其中，500 亿英镑用来购买问题金融机构的优先股，2500 亿英镑为银行之间的贷款活动提供担保，2000 亿英镑作为短期贷款提供给银行机构[1]
	英国于 2008 年年底实现对 HBOS、皇家苏格兰银行等银行注资，完成对储户在银行的存款的担保，并向因投资冰岛银行而遭到损失的机构和个人提供 8 亿英镑补偿金
	2008 年 10 月 8 日，英国央行将基准利率从 50％降至 4.5％；11 月 6 日，下调至 3％
	2008 年 10 月 4 日，英国建议欧盟设立协助小企业应付国际金融危机的 120 亿英镑的基金 2009 年 3 月 2 日，英格兰银行宣布连续第 5 次降息[2]
德国	2008 年 10 月 27 日，德国联邦政府启动总额高达 5000 亿欧元的金融救助计划。其中，为了给德国银行间借贷提供担保，政府出资 4000 亿欧元；设立了 1 个金额为 800 亿欧元的特别基金，帮助有需求的银行提高自有资本率，并加大了对创新企业的贷款支持规模，2009 年贷款规模达到 100 亿欧元，在 2010 年年初放贷总额就已达 150 亿欧元

① 孙建东. 金融危机救助研究 [D]. 成都：西南财经大学，2013：70.
② 孙建东. 金融危机救助研究 [D]. 成都：西南财经大学，2013：70－71.

续　表

	危机救助的货币政策措施
法国	2008 年 10 月推出了 3600 亿欧元的救助计划。其中，3200 亿欧元为银行借贷提供担保，其余向银行提供资本金救助
瑞典	2008 年 10 月 8 日，瑞典央行宣布降息 50 个基点

资料来源：2008—2012 年全球经济大事记。

3.2.2　欧盟危机救助货币政策的增长效应

1. 经济增长效应

欧洲央行作为超国家的金融机构，自 1999 年年底开始执行单一货币政策起，欧盟和欧元区经济增长率约在 4％。其中，希腊 GDP 增长率接近了 6％。虽然葡萄牙、希腊、德国等少数国家的经济增长也出现了小幅波动，但欧盟经济总体稳定。受 2008 年金融危机的冲击，欧盟各主要成员国经济急剧下滑（见图 3-6），2009 年欧盟和欧元区国内生产总值分别出现了 4.1％和 4.0％的负增长，尤其是英国和德国，经济下滑最为严重，2009 年 GDP 增长率分别为 －5.17％和－5.09％。为此，欧盟各成员国积极实施了以危机救助货币政策为重点的经济刺激计划，并对欧盟经济复苏发挥了初步的促进作用，使欧洲经济从 2009 年第 3 季度开始踏上复苏之路。在经历了 2009 年高达 4％以上的经济负增长后，到 2010 年年初欧洲经济重归复苏之路，第 2 季度欧盟经济一

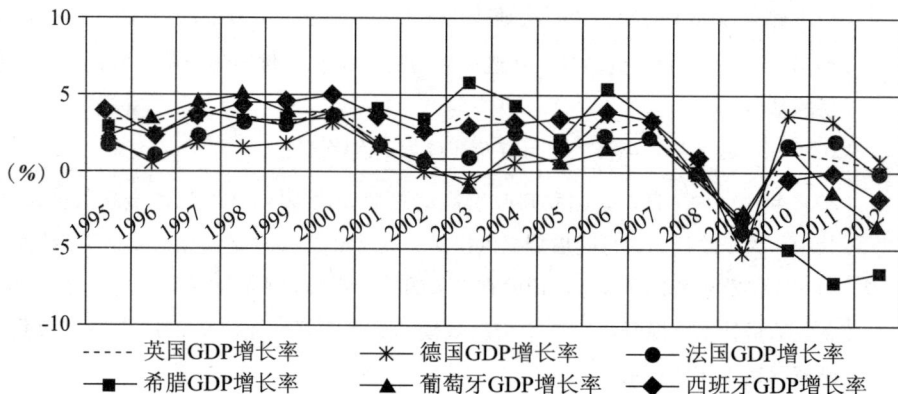

图 3-6　欧债危机中主要经济体 GDP 增长率变化趋势图

数据来源：世界银行数据库。

度出现了强劲增长势头。据欧盟统计局数据显示，在 2010 年第 2 季度，欧盟经济环比增长 1%，同比增长 1.7%，呈现出明显的增长趋势，欧盟的环比经济增长率高于美国①。欧元区经济结构的不平衡和全球金融危机的冲击，使债务赤字不断恶化，因而导致了欧洲债务危机的爆发，从 2010 年后半年起，欧盟各国经济又显著下滑。

随着欧债危机的加深，2011 年欧元区经济增速进一步下滑，到 2011 年年初，葡萄牙、西班牙等国 GDP 增长率又出现负值。2006 第 2 季度至 2011 年第 2 季度，希腊经济一直呈现下滑趋势，GDP 增长率从 2006 年的 5.51% 降为 2011 年 −7.11% 的谷底。为此，欧洲央行和各成员国再次加大力度，向金融机构注资或直接提供信贷资金，并联合美联储，加拿大、日本、英格兰、瑞士等国银行向市场注入美元流动性等。到 2012 年，希腊经济在欧洲银行的强力救助下稍有好转，但 GDP 依然是负增长，而且处于令人担忧的低水平（−6.39%）。欧盟其他国家 2012 年经济增长速度依然下滑，葡萄牙和西班牙两国的 GDP 增长率分别降到 −3.24% 和 −1.64% 的低水平。同样，英国、法国和德国经济增长率也不断下降，趋近于零。显然，欧盟实施的紧缩性救助措施，虽然缓解了赤字压力，但对经济的复苏依然乏力无效。为了刺激经济复苏，欧洲央行再次采取降息的货币政策措施。进入 2013 年以来，在欧洲央行危机救助货币政策的实施下，危机严峻的形势得到进一步趋缓。从 2013 年第 2 季度起，欧元区总体经济形势终于再次出现了复苏的迹象，主要经济体德、法在 2013 年第 2 季度的经济增长分别达到了 0.7% 和 0.5%，经济增长依然不稳定，但西班牙、希腊和意大利依然是负增长。陷入窘境的欧盟多数成员国因无法在短期内找到财政紧缩与促进经济增长之间平衡的方法，经济的复苏依然脆弱。

总体而言，欧洲央行危机救助的货币政策对欧洲各经济体的复苏作用相对有限，但依然发挥了积极的推动作用，在一定程度上抑制了危机的进一步蔓延，帮助陷入债务危机的各经济体摆脱了资金短缺的困境，并满足了银行业的融资需求，大大降低了银行的系统性风险，而且明显缓解了成员国的融资压力，使除了希腊、葡萄牙等国之外的大型经济体的国债收益率明显下降，降低了意大利、西班牙等大型经济体出现债务危机的潜在风险，以及债务违

---

① 透视欧洲经济复苏的喜与忧 ［N］. 国际在线-世界新闻报，2010-08-20.

约的风险。但还需关注的是，欧元区各经济体货币政策传导机制的运作渠道及货币政策的传导速度都存在一定的差异，导致欧元区各国经济的复苏很不均衡，存在较大的差异，这将会影响欧元区经济长期的均衡发展。

2. 就业效应

金融危机前，欧盟失业率处在较高的水平，2000—2007 年平均失业率约为 9%，而到 2008 年第 1 季度，失业率下降到 6.7%的最低水平。金融危机波及欧洲各国，使欧盟经济整体下滑，经济衰退导致失业率攀升，给欧洲多国带来了巨大的就业压力。据欧盟统计局统计数据显示，2008 年第 3、第 4 季度欧元区的失业率同比上涨 0.2%。在危机之初，欧盟 27 国的失业率增幅不明显，与前一年基本持平，但之后欧元区失业率不断上升，到 2009 年年初高达 8.2%，达到自 2006 年 9 月以来的最高水平。尤其是西班牙，失业率竟然达到了 14.8%的最高水平。欧元区因工业下滑而失业人数不断攀升，到 2009 年年底，欧元区失业率达到 10%，继美国之后也进入“两位数时代”。自金融危机爆发以来，欧盟采取了诸多旨在促进就业的政策措施。欧洲央行和各国央行帮助小企业提供贷款解决融资困难，以促进就业的增加。在欧盟各国危机救助货币政策措施的实施下，经济刚开始走上复苏之路，但在全球金融危机尚未消退时，欧债危机接踵而至的重叠效应又加剧了欧盟就业形势的恶化，使欧盟和欧元区的失业率在 2010 年年初再次呈现出明显的上升趋势（见图 3-7）。到 2010 年中期，欧盟 27 国失业率达到 9.6%，葡萄牙的失业率更

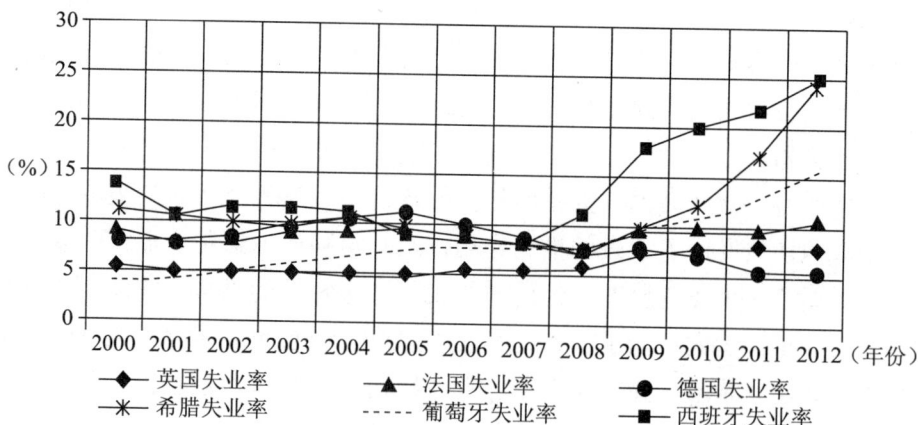

图 3-7 欧债危机中主要经济体失业率的变化趋势

数据来源：世界银行数据库。

高，为 10.0%。到 2011 年，除了德国失业率下降为 5.96% 外，其他国家的失业率均出现继续上升的趋势，希腊和西班牙的失业率上升幅度最大，到 2012 年分别高达 24.2% 和 25%；而英国，失业率虽然维持在 8% 左右的水平，但也一度高达 8.3%，达到英国失业率 15 年来的最高水平；法国的失业率在 2012 年也上升至 10.26%。尽管欧元区最大的经济体德国失业率自 2009 年 7 月以来持续走低，到 2012 年降为 5.47%，低于金融危机前 6.7% 的最低水平，然而，欧洲整体不容乐观的就业形势还远未得到改善。

从实际情况来看，危机对欧盟失业的影响程度并没达到想象的那么严重，原因是欧盟多数国家的失业率在金融危机前就一直处在较高的水平。危机爆发后，整体失业率增幅并不大，2010—2011 年平均失业率上升到 9.7%，与危机前平均失业率相比只增加了 1.4%，显然远低于失业率会大幅上升的预期。但是，欧元区的失业情况要比这个欧盟整体严峻一些。在危机爆发之前的五六年时间内，欧元区失业率低于欧盟，但在 2006—2008 年情况发生逆转。危机爆发之后，欧元区失业率大幅上升，2011 年欧元区失业率达 10.7%，高于欧盟的平均失业率 10.2%。显然，欧债危机对欧元区 17 国失业的影响要比欧盟大。欧元区货币政策统一而财政政策不统一的矛盾等问题导致救助乏力，到 2012 年 11 月，欧元区 17 国的失业率同比上升了 1.2%，达到 11.8%，成为自 1999 年欧元区成立以来的最高水平。

3.2.3 欧盟危机救助货币政策的通胀效应

《欧洲联盟条约》中的第 105 条第 1 款明确规定：欧洲央行体系的首要目标是稳定物价。在不妨碍物价稳定目标的前提下，它可以在促进就业、经济增长等方面提供支持[①]。显然，欧盟的核心目标是维持物价稳定。因此，为了保证物价稳定的基本目标，欧洲央行实施了单一货币政策。欧洲央行设定的中期通胀目标是将通胀率控制在 2% 以内，但金融危机爆发使得欧洲多数国家通货膨胀率上升。2008 年英、法两国的通货膨胀分别为 3.63% 和 3.16%，德国通胀率也接近 3%，尤其是希腊和西班牙，通货膨胀率均超过 4%，达到了欧元区成立以来的最高水平。随着危机的加深，欧盟各国的流动性短缺，通货膨胀率也随之大幅下降。2009 年欧盟主要经济体中，葡萄牙和西班牙两国的通货膨胀率降成了负数，德国和法国的通胀率也接近零，希腊通胀率为

---

① 阙澄宇. 欧洲中央银行体系研究 [D]. 大连：东北财经大学，2002：80-81.

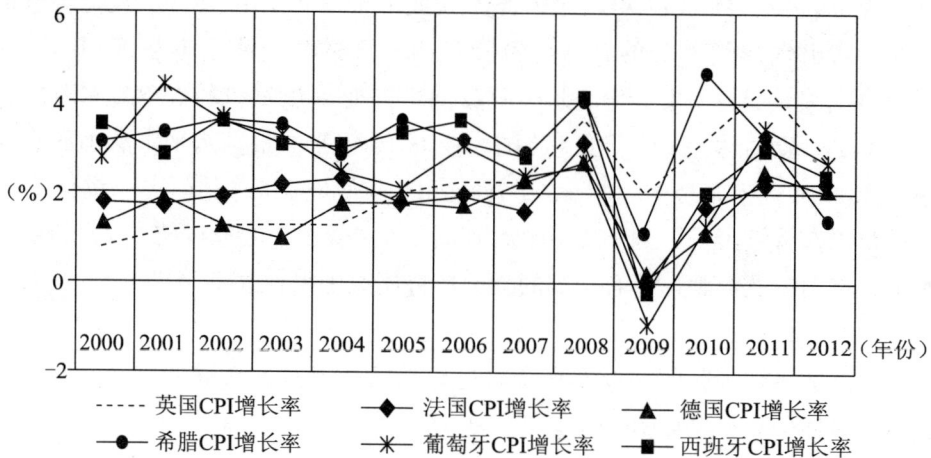

图3-8 欧债危机中主要经济体 CPI 增长率变化趋势

数据来源：世界银行数据库。

1.21%，只有英国的通胀率接近欧盟通货膨胀率 2% 的目标值（见图 3-8）。
欧债危机，外加能源价格上涨等因素的影响，2011 年欧盟通货膨胀率从 2010
年的低位大反弹。据欧盟统计局数据显示，2010 年度欧元区 16 国的通货膨胀
率为 1.7%，而欧盟 27 国的通货膨胀率更是达到 2.1%，略超于欧洲央行 2%
的通胀率设定值。其中，欧元区主要经济体德、法两国通货膨胀率相对比较
低，分别为 1.2% 和 1.9%，受冲击最严重的 3 个国家通货膨胀率差距比较
大。其中，希腊通货膨胀率超过了 5%，而西班牙和葡萄牙的通胀率略低于
2%。2011 年欧洲通胀率持续上涨，2011 年第 1 季度欧元区的通胀率达到
2.4%，欧盟整体的通胀率更高，为 2.8%。欧洲央行的首要目标是稳定货币
和物价，为了稳定欧元汇率，抑制通货膨胀，欧洲央行在实施非常规货币政
策的同时，通过对冲交易回笼非常规操作释放的流动性，并上调了主导利率。
2011 年 4 月将基准利率从 2008 年 7 月以来维持的 1% 首次加息提高到
1.25%，表明欧洲央行货币政策发生了由宽松向紧缩的方向性变化。2011 年
欧元区通胀率处在金融危机以来的最高水平，CPI 指数同比上涨 3%，为近 3
年以来的最大涨幅，特别是连续第 11 个月超出欧洲央行设定的通货膨胀率上
限值 2%。欧洲央行实施了一系列抑制通胀的货币政策措施后，2012 年欧洲
通货膨胀率开始下降，希腊的通货膨胀率降幅最大，从两年前的 5% 降为
2012 年的 1.5%。英、法、德以及葡萄牙和西班牙 5 国的通货膨胀率都有所

下降，但仍高于欧洲央行设定的通胀警戒线。到 2013 年 5 月，欧元区整体的通胀水平已降至 1.2%，到 10 月降至 0.7%，而西班牙和葡萄牙等国均低于0.5%。特别是，希腊的通货膨胀率大幅下降，呈现负值。欧洲央行根据欧元区将面临长期低通胀风险的现状，在 2013 年 11 月实施了利率下调的政策，将主要再融资利率降至 0.25%，又将隔夜贷款利率降至 0.75%，下调了 25个基点，与此同时，维持零隔夜存款利率不变。至此，调整后的欧元区主要利率均处于历史最低水平，而且在目前来看，欧洲央行实施的以上货币政策措施使欧元区的通胀率趋于稳定，2013 年前半年欧元区通胀率并未超出市场的预期，继第 3 季度小幅下降后，到 12 月欧元区通货膨胀率急剧下降为 0.8%。

总体而言，近 6 年来欧盟的通货膨胀率波动比较大，从 2008 年金融危机之初的小幅上升转向 2009 年的大幅下降，欧债危机爆发后又开始上升，在欧洲央行货币政策的抑制下再次下降，虽然 2011 年欧盟通胀率超过了欧洲央行设定的 2% 的警戒线，但是欧洲市场的反应相对平稳，直到 2013 年第 2 季度，欧元与美元的汇率都未发生明显的波动，欧盟通货膨胀趋于平稳。

3.3 小结

总体而言，在全球金融危机和欧债危机的救助中，美国和欧盟主要成员国实施的危机救助货币政策及其产生的经济增长效应、就业效应和通胀效应，既呈现出了一些共同特征，又存在一定的差异。

3.3.1 发达国家危机救助货币政策及其效应的共同特征

1. 在危机救助货币政策的实施方面

危机之初主要发达国家央行都实施了危机救助的常规货币政策，在其传导渠道受阻的情况下，转而实施了大规模的非常规货币政策措施，创新了一系列货币政策工具。

2. 在救助效应方面

虽然与危机救助期间所下"猛药"的程度相比对经济提振的效果相对有限，未达到预期的效果，但事实上，危机救助货币政策对推动主要发达国家经济的复苏依然发挥了至关重要的作用，在短期内相对有效地缓解了金融市场流动性压力，并预防和抑制了危机在金融市场上引发的大规模的连锁反应，稳定了金融市场，提振了市场信心，使经济从危机低谷缓慢复苏，走向了稳

定增长之路。在就业方面，欧美制造业、零售业以及非金融类服务业等行业的状况明显得到改善，就业人数逐渐增加。与此同时，危机救助货币政策的实施也带来了一些负效应，在美国，物价一直上涨，通货膨胀压力提升。虽然并未出现预期的通货膨胀率大幅攀升的现象，通货膨胀率一直控制在5.5%以内，但美国超发的大量流动性并未真正进入到实体经济，而是溢出到国外，导致全球流动性泛滥，成为一些国家物价攀升、资产泡沫风险加大的主要原因。欧盟的通货膨胀率波动比较大，从2008年金融危机之初的小幅上升，转向2009年的大幅下降，直到2013年中期，欧盟通货膨胀波动才趋于平稳。

3.3.2　发达国家危机救助货币政策及其效应的主要差异

1. 在危机救助货币政策方面

美国在危机全程实施了扩张性的常规和非常规货币救助政策，并率先创新了诸多货币政策工具。欧盟主要成员国虽然在全球金融危机的救助中实施了扩张性货币救助政策，取得了一定的救助效果，但在欧债危机救助中，一方面因对危机的严重性判断失误和救助不及时，另一方面为了稳定欧元汇率、抑制通货膨胀，欧洲央行在实施非常规货币政策的同时通过对冲交易回笼非常规操作释放流动性，并上调主导利率，错误地实施了紧缩性的货币政策，使危机进一步蔓延并恶化，之后才改变货币政策方向，实施扩张性的货币政策，才使危机得到逐步的控制，经济走上缓慢复苏之路。

2. 在救助效应方面

发达国家在全球金融危机中已逐渐恢复，经济已明显改善。但欧债危机救助中，对金融市场流动性的长期影响尚未明确，同时，由于银行信贷渠道不畅，经济复苏的效果并不明显。还需特别关注的是，欧元区各经济体货币政策传导机制的运作渠道及货币政策的传导速度都存在一定的差异，导致欧元区各国经济的复苏很不均衡，存在较大的差异，这会影响到欧元区未来经济的均衡发展。

危机救助货币政策的就业效应虽然显现比较慢，但美国就业人数从2010年年底开始不断增加，失业率一直处于下降趋势。欧元区货币政策统一而财政政策不统一的矛盾等问题，导致欧盟危机救助货币政策的救助效果不明显，其主要发达国家就业增长依然乏力，而且欧元区17国就业形势要比欧盟严峻。到2012年，除德国失业率降为6%以外，其他主要国家失业率依然在较

高水平上，呈上升趋势。此外，美国货币超发导致的物价上涨、通货膨胀压力以及资产价格泡沫化的风险传递到其他国家，出现了明显的溢出效应。欧盟的通胀效应得到了较好的控制，并未产生溢出效应，但仍需要防止资产负债表大幅扩大带来的风险。

4 发展中国家危机救助货币政策及其效应

本章对 1994 年的墨西哥金融危机、1997 年的亚洲金融危机、1999 年的巴西金融危机、2002 年的阿根廷金融危机以及 2008 年的全球金融危机救助中，主要发展中国家危机救助货币政策的实施及其产生的经济增长效应、就业效应和通货膨胀效应进行了比较分析。通过分析发现，亚洲金融危机、阿根廷金融危机及全球金融危机都是奉行新自由主义理论，使本国金融和资本过度自由化导致的结果。通过分析，总结出了上述危机救助中主要发展中国家危机救助货币政策的实施及其产生的效应的共同特征和差异。

4.1 中国危机救助货币政策及其效应

4.1.1 中国救助亚洲金融危机的货币政策

1996 年中国经济实现了"软着陆（即低通胀，高增长）"，但随着 1997 年亚洲金融危机的爆发，中国经济出现了外部需求不足、就业压力加大等问题，中国经济发展模式受到质疑。为此，政府不得不调整货币政策，从适度紧缩调整为适度宽松，表现为其他众多亚洲国家纷纷调低汇率之时中国依然坚持人民币汇率不变的政策，保持了国内金融市场的稳定，从而成功赢得了各界对人民币稳定的信心。

在亚洲金融危机之初，中国主要是通过扩大投资规模来拉动内需，将固定资产投资增长幅度从 10％上调到 15％以上，还吸纳 1000 亿元的商业银行贷款。除此之外，主要实施了适度宽松的货币政策。而从 1998—2003 年实施了稳健的货币政策，将法定存款准备金率下调了 7％，并取消了贷款限额控制。此外，还在之前 3 次降息的基础上，又连续 4 次降息，7 次降息存款利率平均累计下调了 5.73％，贷款利率平均累计下调了 6.42％；同时，又从 1998 年 5 月起恢复公开市场操作，通过公开市场扩大基础货币投放量，增强金融

机构放贷能力[①]。此外，实施了积极的财政政策，中央财政发放了 1000 亿元 10 年期的长期国债，迅速摆脱了亚洲金融危机的影响。中国救助亚洲金融危机的货币政策具体如表 4－1 所示。

表 4－1　　　　　　　　中国救助亚洲金融危机的货币政策措施

货币政策措施	
存款准备金率	1997 年 10 月 23 日，将 1 年期存款准备金率下调 1.44%，将 1 年期存款准备金率下调了 1.8%；1998 年 3 月 21 日起，改革存款准备金制度，并将存款准备金率下调了 5%，降至 8%，25 日，分别将 1 年期存款准备金率和存款准备金率下调了 0.72% 和 0.4%
公开市场业务	1998 年年初建立公开市场业务一级交易商制度（以大商业银行为对象），3 月恢复债券回购公开市场操作业务，5 月 26 日起恢复了人民币公开市场业务
存贷款基准利率	1997 年 10 月—1999 年 12 月，5 次下调金融机构存、贷款基准利率，将金融机构 1 年期贷款利率从 10.08% 降到 5.85%，并将其他期限档次贷款基准利率从 13% 下调至 6%[②]
再贷款率、再贴现率	1998 年还下调了再贷款率、贴现率和再贴现率
信贷政策	1998 年 1 月 1 日起取消贷款限额控制，并调整了国有商业银行存、贷款比例
货币供给量	1997 年 7 月—1998 年 3 月，将 M2 余额平均每月增长 1.1 万亿元，从 8.3 万亿元增加到 9.2 万亿元
金融机构存款、存款准备金率	1998 年 3 月改革存款准备金制度，将"准备金存款"和"备付金存款"合并为"准备金存款"账户，并将法定存款准备金率下调了 5%；1997 年 7 月—1998 年 4 月将全部金融机构人民币存款余额从 7.6 万亿元增加到 8.4 万亿元，期间将存款准备金率一次下调了 5%
金融机构贷款和贷款利率	1997 年年底将金融机构贷款利率继续下调，较 1996 年 6 月下降了 4.3%，同期全部人民币贷款余额从 6.9 万亿元增至 7.7 万亿元，同比平均增速下降了 11%
汇率政策	稳定汇率，坚持人民币不贬值

资料来源：1997 年第 3 季度中国货币政策执行报告和 1998 年 1－2 季度中国货币政策执行报告。

---

①　朱晓雨. 两次金融危机期间我国货币政策有效性实证研究 [J]. 金融理论与实践，2012（8）：52.
②　郭菊娥，等. 我国应对美国金融危机的货币政策实施效果评价 [J]. 西安交通大学学报：社会科学版，2009（11）：1－2.

此外，为应对亚洲金融风暴的冲击，1998 年起央行陆续调整了基准利率和法定存款准备金率等，伴随着扩张性的货币政策的实施，中国经济复苏较快。如表 4 - 2 所示。

表 4 - 2　亚洲金融危机期间人民币（RMB）贷款基准利率的调整情况

调整时间	1 年期 RMB 贷款基准利率（%）	3 年期 RMB 贷款基准利率（%）	5 年期 RMB 贷款基准利率（%）	5 年以上 RMB 贷款基准利率（%）
1997 年 10 月 23 日	8.64	9.36	9.9	10.53
1998 年 3 月 25 日	7.92	9	9.72	10.35
1998 年 7 月 1 日	6.93	7.11	7.65	8.01
1998 年 12 月 7 日	6.39	6.66	7.2	7.56
1999 年 6 月 10 日	5.855	5.94	6.03	6.21
2002 年 2 月 21 日	5.31	5.49	5.58	5.76

资料来源：《中国统计年鉴 2003》。

总体而言，亚洲金融危机使中国出口大幅回落，消费与投资低迷，国内外市场有效需求下降，失业者增加，经济增长放缓，呈现出了通货紧缩的风险。为刺激经济的增长和促进就业的增加，维护地区的稳定，1997—2002 年，中国实施降低存款准备金率、降低贷款基准利率和增长非常规信贷的措施，并适当扩张了货币供应量，提高了资金的使用效率；此外，为了降低银行系统因货币增长过快而积累的金融风险，还对国有企业进行了改革。上述危机救助的货币政策，有效地维护了金融市场的稳定，不但使 CPI 指数实现了保持平稳并小幅下降的目标，而且使经济率先恢复了平稳增长。

4.1.2　中国救助全球金融危机的货币政策

在货币政策方面，2008—2010 年，中国实施了危机救助的宽松货币政策。中国的货币供给量在银行贷款利率水平没有大的调整的基础上，从 2008 年年底开始迅猛增长，2009 年中国广义货币增长 27.7%，几乎相当于美国（3.3%）的 10 倍，欧元区的 10 多倍[①]"。2008—2010 年，中国人民银行不断下调存款、贷款基准利率和存款准备金率，取消对信贷增幅的限制，促使银

---

① 王永利. 后危机时代的中国金融［J］. 国际金融，2010（9）：7.

行信贷大幅增长，致使中国金融机构信贷规模大幅增长，物价快速上涨，经济出现了过热的苗头①。为此，央行开始调整货币政策方向，2010 年 1 月—2012 年 6 月，货币政策逐渐从"适度宽松"转向"稳健"。中央银行连续 12 次上调了大型金融机构的存款准备金率，累计上调幅度达 6%，并连续 9 次上调了小型金融机构存款准备金率，累计上调幅度达 4.5%，逐渐收紧了市场流动性。2011 年以来，由于受欧债危机的冲击，中国经济增速开始放缓，虽然物价逐步下降，但经济运行出现了下行风险。鉴于这种情况，央行又重新调整货币政策方向，2011—2013 年进入对适度宽松的货币政策调整时期，曾先后 3 次下调存款准备金率和存贷款利率，中央银行遏制经济下滑的货币政策措施效果从 2012 年第 4 季度开始显现，到 2013 年中国经济趋于平稳，GDP 增长率在全年保持了 7.7% 的增长水平。归纳而言，中国实施的应对全球金融危机的货币政策措施具体如下。

1. 危机期间的货币政策救助措施

（1）危机初频繁下调存款准备金率

2008 年年初，中国在受危机冲击之前实施的是适度从紧的反通胀政策，2008 年 1 月 25 日—6 月 7 日，先后 5 次提高了存款类金融机构人民币存款准备金率，共释放流动性资金 8000 亿元。由于 2008 年后半年明显受到危机的冲击，中国开始调整货币政策，在 8 月 25 日和 12 月 5 日两次将五大行和邮储之外的其他金融机构存款准备金率以 1% 的幅度下调了 2%；在 10 月 15 日和 12 月 25 日两次将存款类金融机构人民币存款准备金率以 0.5% 的幅度下调了 1%；从 2008 年 10 月到 2008 年年底，将 1 年期存款基准利率连续下调了 4 次，具体下调情况见表 4 - 3。

表 4 - 3　　　　　　　1 年期存款基准利率的具体下调情况

下调时间	2008 年 10 月 9 日	2008 年 10 月 30 日	2008 年 11 月 27 日	2008 年 12 月 23 日
下调前利率（%）	4.14	3.87	3.6	2.52
下调幅度（%）	0.27	0.27	1.08	0.27
下调后利率（%）	3.87	3.6	2.52	2.25

资料来源：中国人民银行网站及 2008 年中国货币政策大事记。

① 李秀婷，陈宁，赵三英. 危机救助货币政策的通胀效应及其治理 [J]. 经济界，2013（9）：8.

（2）同期频繁下调贷款基准利率

中国人民银行在下调存款准备金率的同时，还频繁下调贷款基准利率。分别在 2008 年 9 月 16 日、10 月 9 日、10 月 27 日、10 月 30 日 4 次下调个人住房公积金贷款利率，同时还相应下调了其他各档次贷款基准利率。从 10 月 27 日起，将最低首付款比例调整为 20％，将商业性个人住房贷款利率的下限扩大为贷款基准利率的 0.7 倍[①]；而且，从 2008 年 9 月到 2008 年年底，将 1 年期贷款基准利率连续下调了 5 次。具体下调情况见表 4－4 和表 4－5。

表 4－4　　　　　　　　　　1 年期贷款基准利率的具体下调情况

下调时间	2008 年 9 月 16 日	2008 年 10 月 9 日	2008 年 10 月 30 日	2008 年 11 月 27 日	2008 年 12 月 23 日
下调前利率（％）	7.47	7.2	6.93	6.66	5.58
下调幅度（％）	0.27	0.27	0.27	1.08	0.27
下调后利率（％）	7.2	6.93	6.66	5.58	5.31

资料来源：中国人民银行网站及 2008 年中国货币政策大事记。

表 4－5　　　3～5 年期及 5 年以上 RMB 贷款基准利率的具体下调情况

下调时间	3 年期 RMB 贷款基准利率（％）	5 年期 RMB 贷款基准利率（％）	5 年以上 RMB 贷款基准利率（％）
2007 年 12 月 21 日	7.56	7.74	7.74
2008 年 9 月 16 日	7.29	7.56	7.74
2008 年 10 月 9 日	7.02	7.29	7.47
2008 年 10 月 30 日	6.75	7.02	7.2
2008 年 11 月 27 日	5.67	5.94	6.12
2008 年 12 月 23 日	5.4	5.76	5.94

资料来源：中国人民银行网站及 2008 年中国货币政策大事记。

（3）下调再贷款（再贴现）利率

2008 年 7 月央行开始调减票据发行规模、频率，以保持银行体系流动性

[①]　2008 年中国货币政策大事记（来源于中国人民银行货币政策司）。

充足；到 2008 年 11 月 27 日，中国人民银行将 1 年期流动性再贷款利率从 4.68%下调了 1.08%，降至 3.6%，同时还相应下调了其他再贷款利率；除此之外，还将再贴现率从 4.32%下调了 1.35%，降到了 2.97%；到 12 月 23 日，中国人民银行再次下调了金融机构再贴现利率和再贷款利率，将再贴现率从 2.97%下调了 1.17%，降到了 1.80%，再次将 1 年期流动性再贷款利率从 3.6%下调了 0.27%，降到了 3.33%；2009 年 7 月，央行恢复了 1 年期票据的发行，还延长了流动性冻结的时间。为了给流动性出现暂时困难的境内金融机构提供资金支持，还创设了短期招标工具（TAF）。此外，还把农村除紧急贷款之外的信用社再贷款 1 年期利率从 3.42%下调了 0.54%，降到了 2.88%；同时，还相应下调了其他档次再贷款利率。

2. 经济恢复期频繁上调存贷款利率

正是在以上货币政策强力支持和财政政策及其他政策措施的配合下，中国经济到 2009 年年初开始好转，到 2009 年第 2 季度迅速回暖，中国人民银行不再下调存贷款利率了。随着中国经济复苏趋于稳定，2010 年中国人民银行开始调整货币政策方向，并从 2010 年 1 月 18 日至 2012 年 6 月 20 日连续 12 次以 0.5%的幅度上调了存款类金融机构人民币存款准备金率。

（1）经济恢复的后危机时期 1 年期存款准备金率的频繁上调

自从 2009 年中国经济呈现好转迹象后，中国人民银行就不再下调存贷款利率了。到 2010 年中国经济明显恢复后，中国人民银行从 2010 年 10 月 20 日起至 2011 年 4 月连续 4 次上调 1 年期存款准备金率，具体上调情况见表4-6。

表 4-6　　　　　　　1 年期存款准备金率的具体上调情况

上调时间	2010 年 10 月 20 日	2010 年 12 月 26 日	2011 年 1 月 9 日	2011 年 4 月 6 日
上调前利率（%）	2.25	2.5	2.75	3
上调幅度（%）	0.25	0.25	0.25	0.25
上调后利率（%）	2.5	2.75	3	3.25

资料来源：中国人民银行网站及 2008—2012 年中国货币政策大事记。

（2）经济恢复的后危机时期 1 年期贷款基准利率的频繁上调

从 2010 年 10 月 20 日起中国人民银行不但频繁上调了 1 年期存款准备金

率，而且频繁上调了 1 年期贷款基准利率，具体调整情况见表 4-7。

表 4-7　　　　　　1 年期贷款基准利率的具体上调情况

上调时间	2010 年 10 月 20 日	2010 年 12 月 26 日	2011 年 2 月 9 日	2011 年 4 月 6 日
上调前利率（％）	5.31	5.56	5.81	6.06
上调幅度（％）	0.25	0.25	0.25	0.25
上调后利率（％）	5.56	5.81	6.06	6.31

资料来源：中国人民银行网站及 2010—2012 年中国货币政策大事记。

中国人民银行对上述 1 年期存贷款利率调整期间，对其他期限档次的存贷款基准利率也作了相应调整。

（3）上调再贷款（再贴现）利率

2010 年 12 月 26 日，将 1 年期流动性再贷款利率由 3.33％上调到 3.85％，再贴现利率由 1.80％上调至 2.25％。同时，将 1 年期年初信用社再贷款利率由 2.88％上调至 3.35％。

3．公开市场业务操作

中国人民银行从 2008 年 7 月起，开始逐步调减中央银行票据发行规模和频率，并创设了短期招标工具；到 2008 年 12 月，分别将 1 年期、3 个月期央行票据和 28 天正回购操作利率分别按年内峰值累计下调 180 个基点、240 个基点和 230 个基点[①]。2009 年第 1 季度正回购操作 1.1 万亿元，发行央行票据 4800 亿元。2009 年 3 月底央行票据余额为 4.2 万亿元，比上一季度末减少 0.5 万亿元。同时，央行开展了国库现金管理商业银行定期存款业务。

4．货币供给量的增加

自 2009 年 1 月起，中国开始实施大规模投资计划，推出了 4 万亿元投资计划，银行放贷的积极性大大加强，货币供应量明显过度增长。在 2009 年 1～4 季度，广义货币供给量 M2 的增长率分别达到 25.5.％、28.5％、29.3％、27.7％的高水平[②]，新增贷款接近 6 万亿元。2009 年货币乘数的平均值高达 4.34，2010 年仍然高达 4.24。显然，商业银行大规模投放信贷致使

---

① 中国人民银行货币政策分析小组．中国货币政策执行报告［N］．金融时报，2009-02-24.
② 王潇潇．美中应对金融危机的货币政策及其效果比较［J］．亚太经济，2012（4）：99.

乘数效应增强，导致货币供给量大幅增加①。2009—2011年中国货币供给量变化的具体情况见表4-8。

表4-8　　　　中国2009—2011年货币供给量的变化情况

	M2增长率	M2余额	M1增长率	M1余额	M0增长率	M0余额
2009年	27.7%	60.6万亿元	32.4%	22万亿元	11.8%	3.8万亿元
2010年	19.7%	72.6万亿元	21.2%	26.7万亿元	16.7%	4.5万亿元
2011年	13.6%	85.2万亿元	7.9%	29万亿元	13.8%	5.1万亿元

资料来源：国家统计局网站和中国人民银行网站。

5. 货币互换操作

中国人民银行与其他国家和地区的货币互换操作见表4-9。

表4-9　　　　中国人民银行与其他国家和地区的货币互换操作

时间	互换国家或地区	互换规模	有效期限
2009年1月20日	中国人民银行与香港金融管理局签署货币互换协议	2000亿元人民币/2270亿港币	3年
2009年2月8日	中国人民银行与马来西亚国民银行签署双边货币互换协议	800亿元人民币/400亿林吉特	3年
2009年3月11日	中国人民银行与白俄罗斯国家央行签署双边货币互换协议	200亿元人民币/8万亿白俄罗斯卢布	3年
2009年3月23日	中国人民银行和印度尼西亚银行签署双边货币互换协议	1000亿元人民币/175万亿印度尼西亚卢比	3年
2010年6月9日	中国人民银行与冰岛央行签署双边货币互换协议	35亿元人民币	——
2011年4月18日	中国人民银行与新西兰储备银行签署双边货币互换协议	250亿元人民币/50亿新西兰元	3年
2011年4月19日	中国人民银行与乌兹别克斯共和国银行签署双边货币互换协议	7亿元人民币	3年

──────────

① 许宪春. 国际金融危机爆发以来我国的经济增长表现 [J]. 经济学动态, 2011 (3): 21-24.

续　表

时间	互换国家或地区	互换规模	有效期限
2011年5月6日	中国人民银行与蒙古国中央银行签署双边货币互换协议	50亿元人民币	3年
2011年6月13日	中国人民银行与哈萨克斯坦共和国银行签署双边货币互换协议	70亿元人民币	3年

资料来源：中国人民银行网站及2008—2012年中国货币政策大事记。

6. 外汇政策

调整金融机构短期外债额度，落实调高企业出口预收汇和进口延付汇比例的政策，实行有管理的浮动汇率制度。2008年2月到2009年年初，人民币对美元汇率相对平稳，基本在［6.81，6.85］元的区间内浮动。此后人民币升值的压力不断加大。到目前，人民币对内贬值而对外升值，从2010年的1美元兑6.62元人民币一路贬值，到2013年12月底降为（美元兑）6.062元人民币。

4.1.3　中国危机救助货币政策的增长效应

货币政策是危机救助的重要措施之一，1997年的亚洲金融危机和2008年的全球金融危机都对中国经济产生了巨大的影响，为应对这两次金融危机的冲击，中国采取了具有针对性的货币政策。中国在两次危机中实施的货币政策效果十分明显，不但抑制了危机的冲击，稳定了本国金融环境，促进了中国经济的复苏，而且带动了地区乃至全世界经济的复苏。

1. 经济增长效应

从1993年起，中国开始推进经济体制改革。遵照"八五"计划经济增长速度由原来的6%提高到8%～9%的要求，加大了投资力度，货币供给量（M2）在1993年迅猛增加（见图4-1），经济增长率维持在10%以上，相应地逐渐减少了M2的投入量。1994—1997年，通过实施适度从紧的货币政策，积极治理通货膨胀，到1997年成功实现了"软着陆"。但1997年亚洲金融危机的爆发，使中国经济增长率从1996年的10%降到了1999年的7.62%。为此，货币政策从之前的适度从紧转向了适度宽松。从1997年的8.3万亿元增至9.2万亿元，1997年M2增长率高达20.7%，1997年7月—1998年3月，M2余额平均每月增长1.1万亿元。央行通过大幅降低贷款利率、加大公开市

场操作力度和取消贷款限额等措施，有效地治理了通货紧缩状况，促进了中国经济的率先恢复。到 2000 年，GDP 增长率恢复到 8.43%，此后的几年内恢复到了亚洲金融危机前的增长水平。

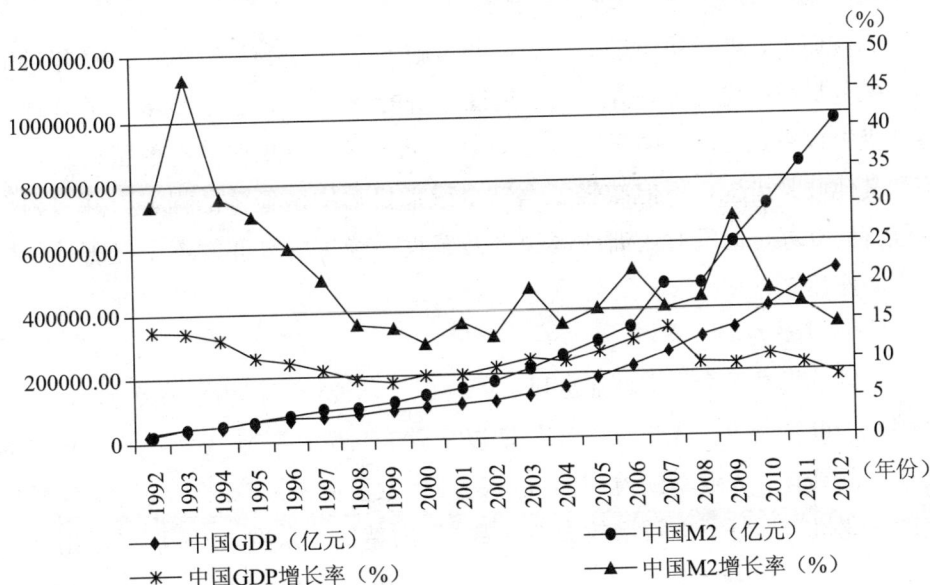

图 4-1　中国 1992—2012 年 GDP 和 M2 的变化情况

数据来源：国家统计局网站和中国人民银行网站。

2008 年全球金融危机爆发，中国经济也随之面临下滑和通缩的风险。为应对危机，中国开始调整货币政策方向，从之前反通胀时期的适度从紧转向危机救助时期的适度宽松。从 2008 年 9 月起，央行先后 4 次下调存款准备金率，5 次下调存贷款基准利率，有效地推动了 GDP 增速的回升。在强力的政策刺激下，从 2009 年第 2 季度起中国经济踏上了恢复之路。GDP 增长率从 2009 年第 1 季度 6.6% 的最低点上升到第 4 季度的 9.2%。M2 的增长率从 2008 年的 17.8% 突增至 2009 年的 28.4%，高于经济增长幅度的 3 倍之多。到 2010 年第 1 季度，GDP 大幅上升至 12.1%，2010 年全年的增长率均保持在 10% 以上的较高水平，M2 增长率高达 18.95%。随着经济的复苏，从 2010 年 10 月 20 日起中国央行开始上调存款准备金率和贷款基准利率，逐渐收缩货币投入量。但欧债危机的全面爆发，使尚未恢复的国际市场进一步萎缩，中国经济也再次受其影响，GDP 增长率再次小幅下滑，2011 年 GDP 增长率

为 9.6%，到 2012 年持续回落至 7.73%。同时，M2 的增长率也从 2011 年的 17.3%下降到 2012 年的 14.4%，但从 M2/GDP 值来看，仍然远高于 GDP 的增长率。直到 2013 年第 2 季度的最低水平 7.6%，处于平稳状态不再下滑，从 2013 年第 3 季度开始出现恢复迹象。

总体而言，在危机救助货币政策的实施下，中国经济不但在 1997 年的亚洲金融危机中率先复苏，并带动了地区经济的恢复，而且在 2008 年的全球金融危机中也率先复苏。中国政府为应对国际金融危机采取的有效货币政策措施和其他政策措施，不但减轻了全球金融危机对中国经济的损害，并引领全球经济的复苏，而且对亚洲地区经济乃至世界经济的复苏发挥了显著且积极的带动作用[①]。

2. 就业效应

金融危机必然会带来就业危机，因为经济状况向来是就业水平的晴雨表。中国作为世界上第一人口大国，长期以来就有较大的就业压力，并且中国的失业问题具有"失业率随着中国经济的高速发展而不断增加，经济增长所创造的就业机会远赶不上新增的失业人数[②]"的特征。从图 4-2 可以看出，自

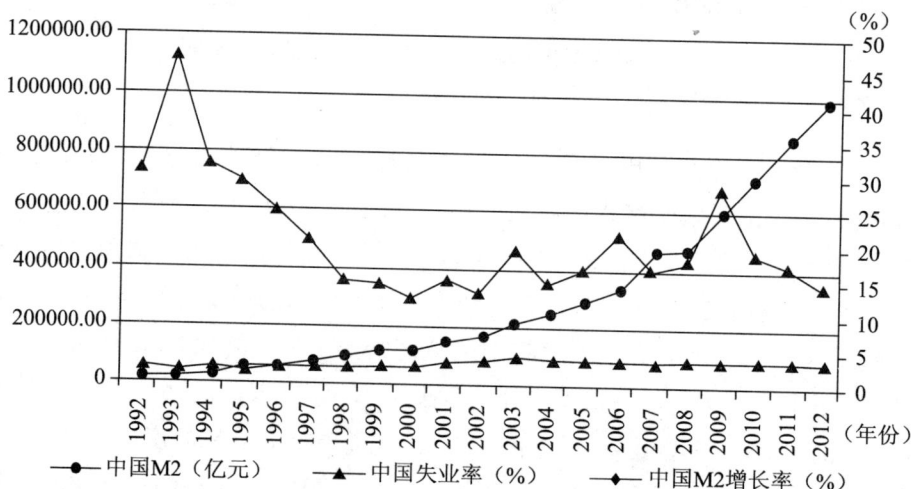

图 4-2　中国 1992—2012 年间失业率和 M2 的变化情况

数据来源：国家统计局网站。

[①]　李秀婷，陈宁，赵三英. 危机救助货币政策的通胀效应及其治理 [J]. 经济界，2013 (9)：8.
[②]　王蕾. 现阶段中国失业现状、原因及对策分析 [J]. 当代经济研究，2010 (4)：220 - 221.

20 世纪 90 年代以来，中国的失业率一直呈现上升趋势，虽然上升幅度不大，但 13 亿多的总人口基数，失业规模依然庞大。

中国经济增长所创造的就业岗位原本就没有新增的失业人数多，而金融危机的冲击使中国出口大幅下降，经济明显下滑，进而失业人数上升，就业压力必然会加大。受 1997 年亚洲金融危机的影响，城镇登记失业率从 1996 年的 2.9％上升到 1998 年的 3.1％，出口企业失业人数大量增加，1997—2003 年，国有企业累计下岗职工超过 3000 万人。亚洲金融危机对中国就业的影响来自两个方面：一方面，使我国一些出口企业因出口减少出现亏损而裁员，造成失业增加；另一方面，净出口的减少也会恶化中国国内宏观经济形势，从而使国内需求不足，导致失业人数增加。亚洲金融危机之后几年，随着中国经济高达 10％以上的持续增长，就业形势逐步得到改善。

2008 年全球金融危机对中国就业的影响是近 20 年来最严重的一次。金融危机掀起的企业裁员风潮导致失业人数骤然上升，失业率突增。针对异常严峻的就业形势，中国政府提出了"保增长、保就业、保民生"的宏观调控政策。在危机救助期间，把稳定经济环境、增加就业作为重要任务。因为在中国的失业人口主要有 4 类，既包括登记的城镇失业人口和下岗职工中的失业者，也包括失业农民工和未能就业的大学毕业生[①]，为此，金融危机加剧我国就业压力凸显在以下 4 个方面：东部沿海许多外向型中小企业倒闭，造成大量工人失业，其中，大部分是农民工，失业后迫不得已而返乡；危机使大多数企业选择裁员，导致城镇人员失业，城镇失业率上升；许多危机前刚安置工作的下岗职工因危机而再次失业的人数增加，再就业压力加大；危机期间企业无力培训新员工，使没有工作经验的大学毕业生尚未就业就先失业。金融危机从以上几个方面导致 2008 年我国外贸出口大幅下降，导致非农就业减少 2350 万人。其中，制造业 1285 万人，农民工受影响最大。2009 年中国的失业情况是改革开放以来最为严峻的一年，城镇登记失业率上升为 4.3％，城镇失业人数上升到 921 万人。但这只是城镇失业人数，不包含数量庞大的农民工失业者，以及下岗工人再失业人员和大学毕业生失业者。为此，2009 年

①　李薇辉，薛和生.劳动经济问题研究——理论与实践［M］.上海：上海人民出版社，2005：156-157.

921万的失业人数与实际总失业人数相差较大。为了刺激经济复苏、增加就业，中国政府采取了许多积极的政策措施。在货币政策方面，央行给为扩大就业做出贡献的企业特别是中小企业以贷款利率优惠。为了支持扩大就业和再就业，银行加大了私营企业和中小企业的金融支持力度和信贷投入，并大力支持大学毕业生创业贷款和对职业技能培训项目的金融扶持。通过以上积极的政策措施，就业情况有所好转，到2010年城镇登记失业人数明显减少，失业率下降到4.1%，并维持这一水平到2012年。

2013年9月9日，中国首次向外公开了调查失业率的有关数据，2013年上半年中国调查失业率为5%，比此前人社部公布的一、二季度均为4.1%的登记失业率要高0.9%。对于该失业率水平，中华全国总工会的专家表示，前些年虽然没有公布该数据，但应该和2013年数据差距不大，这足以表明中国就业压力其实比较大。显然，中国的实际失业率比之前统计的城镇失业率要高。总体而言，2008年以来中国的就业形势比较严峻，危机救助货币政策的就业效应不明显。

4.1.4　中国危机救助货币政策的通胀效应

中国先后两次实施的危机救助货币政策在短期内对经济的复苏发挥了积极的推动作用，但也有相对的不足。尤其是，在全球金融危机中实施的宽松的货币政策带来了不小的通货膨胀压力。

两次金融危机期间中国的通胀情况如下。

1. 亚洲金融危机中的通胀情况

从1993年开始，中国推行经济体制改革，大幅增加了货币供给量，物价也出现了大幅攀升的情况。为此，1994年中国开始调整货币政策，为了降低物价，控制通货膨胀，实施了从紧的货币政策，大幅减少了M2的供给量，同时也调低了贷款利率。此后，随着货币政策的收紧，通货膨胀率大幅下降，但1997年亚洲金融危机的爆发，使东亚主要国家金融市场持续动荡，经济下滑。为应对亚洲金融危机的冲击，中国主要通过降低贷款利率、增发国债等政策措施，促进国内有效需求的增长，并保持物价的稳定。在1997—1999年，广义货币供给量M2基本保持平稳，贷款利率小幅下调，从1997年的8.64%下调至1999年的5.85%，通货膨胀率处于低水平的平稳状态。随后几年，中国通货膨胀率一直在低于2%的水平小幅波动（见图4-3）。显然，在1997年爆发的亚洲金融危机期间，中国货币政策及其他相关政策的有效实施，

使经济免受了危机的冲击，从而保持了经济和金融的稳定，没有出现物价的波动，因而没有带来通货膨胀的压力。而在2006—2007年，中国通货膨胀率明显上升，出现了通货膨胀压力。为此，为了控制通货膨胀，在美国次贷危机蔓延至全球之前，我国实施了紧缩的货币政策。

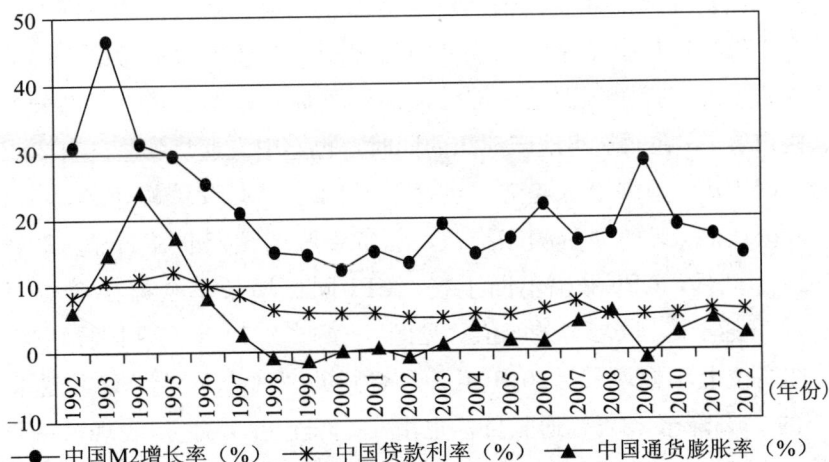

图4-3　中国近20年通货膨胀的变化情况

数据来源：国家统计局网站和中国人民银行网站。

2. 全球金融危机中的通胀情况

2008后半年中国经济明显受到全球金融危机的影响，出口大幅下降，失业增加，为了抑制危机的冲击，我国转而实施宽松的货币政策，增加货币供给量，并降低了贷款利率，同时还加大了财政投入。虽然，中国救助全球金融危机货币政策取得了显著成效，保障了经济重新步入快速发展轨道，但不可否认的是，宽松货币政策的实施也带来了诸如货币供应过多、信贷过度膨胀等问题，进而带来了巨大的通货膨胀压力，2008年通货膨胀率高达5.9%。

2009年以来，中国货币供应量明显过度增长，各季度广义货币供应量M2同比增长率分别为25.5%、28.5%、29.3%和27.7%，分别比2008年同期高9.3%、11.2%、14.1%和10.0%。而2009年GDP增长率仅为9.1%，通货膨胀压力激增。2009年在实现了货币供应量目标的同时，实际的信贷增速也迅速上升，这给中国经济发展也带来了中长期内的通货膨胀压力。2009年全年人民币贷款保持较快增长，全年新增贷款9.6万亿元，比2008年增加

4.7 万亿元，各季度人民币贷款余额同比分别增长 29.8%、29.0%、34.2% 和 31.7%，分别比 2008 年同期高 15.0%、17.8%、19.6% 和 13.0%。从月度新增贷款额来看，2008 年年底前，月度新增贷款最高不超过 5000 亿元，而 2009 年全年月度新增贷款额度均在 5000 亿元以上，最高的月份达 1.7 万亿元以上，由于信贷发放的速度过快，对通货膨胀造成了巨大压力，同时，由于企业或个人等民间投资不踊跃，或者银行出于对贷款安全的考虑，部分信贷资金并未真正形成投资，而是一部分流向了国债等票据市场，一部分流向了股市、楼市等[①]，在面临房地产泡沫的同时，也会引发通货膨胀。自 2009 年 7 月开始，CPI 开始呈现上涨趋势，到 2010 年 5 月，CPI 涨幅达到 3.1%，已超过国际公认的 3% 的通货膨胀指数，通货膨胀的预期非常明显。2010 年 7 月—2011 年 7 月，CPI 涨幅不断上扬，CPI 同比增长率全都在 3.0% 以上，2011 年 7 月甚至达到 6.5% 的峰值（见图 4-4）。2012 年 CPI 同比增速回落，但依然在高位上小幅增长。2013 年 3 月召开的"两会"，将 M2 增速目标由 2012 年的 14% 降至 13%，通胀目标也由 4% 降至 3.5%，但实现这一目标绝非易事。

比较两次金融危机的救助，为救助不同情况的危机，中国实施了具有针对性的危机救助救助措施。特别是，危机救助的货币政策措施取得了举世瞩目的成效。尽管在 2008 年全球金融危机的救助中，危机救助货币政策过于宽松，带来了救助的负效应，但总体而言，中国在两次危机中都率先复苏，对带动全球经济的复苏发挥了至关重要的作用。

4.2 亚洲其他发展中国家危机救助货币政策及其效应

在亚洲金融危机中，东亚主要发展中国家实施了紧缩性货币政策和财政政策救助危机，提高了名义利率，并调低了 M2 的增长率。东亚主要危机国家的紧缩性的货币政策和财政政策救助出现了两种结果。泰国和韩国虽然广义货币 M2 的增长率下降了，但经济和就业的增长呈平稳上升趋势，而印尼发生了剧烈通胀。此外，为帮助主要危机国家摆脱困境，以国际货币基金组织（IMF）为代表的国际组织提供了危机救助的援助贷款，但 IMF 以带有附加条件的方式向受危机国家提供贷款帮助其恢复经济，使救助效果大打折扣，

---

① 李秀婷，陈宁，赵三英. 危机救助货币政策的通胀效应及其治理［J］. 经济界，2013（9）：9.

未能达到预期的效果①。

4.2.1 亚洲其他国家危机救助的货币政策

1. 亚洲其他主要国家危机救助货币政策

危机之前各国通过投放外汇储备和提高利率的方式来维持长期固定汇率制,以维护其经济的虚假繁荣。但在1996年,因外汇储备不足,经济和金融形势异常严峻,最终导致了亚洲金融危机的爆发。危机之初,为了应对外资流入而使外汇储备不足突然逆转的情况,泰国等主要发展中国家政府直接干预外汇市场,而且,它们认为危机爆发的根本原因在于之前实施了扩张性货币政策。为此,泰国等国家反而实施了紧缩性的货币政策来化解危机②。

(1) 泰国

泰国展开了"泰国人救泰国"的救助行动,采取了紧缩性的货币政策、财政政策,以及对金融体制的改革和重组措施,特别是对银行系统实施了积极的救助措施。1998年8月筹集了80亿美元注入银行系统,救助经营良好的银行,并采取限制商业银行存放美元的期限、限制本国银行给国外投资者拆借泰铢的措施。同时,为了稳定外汇而提高了利率,之后随着外汇的稳定又逐渐降低了利率。

(2) 印度尼西亚

印度尼西亚政府也积极展开了自救措施,自1997年8月起,印尼银行多次出售美元,以降低印尼盾贬值速度。由于印尼一贯采取的是紧缩性的货币政策,8月19日印尼央行先是提高了1个月和3个月期限的定期存款基准利率,致使本国银行和外国银行也将定期存款利率提高,活期存款利率提高了10%③。此外,还采取了改革和重组金融机构的措施,以及紧缩性的财政政策措施。提高银行存款利率的措施虽然在短期内稳定了印尼盾汇率,但好景不长,印尼盾8月29日起再次连续下跌。收紧银根的政策没能解决危机困境,

① 汪大海,何立军,等. 世界14次金融危机透视 [M]. 北京:中国传媒大学出版社,2011:127-130.

② 张荔,罗春婵,孙颖. 金融危机救助:理论与经验 [M]. 北京:中国金融出版社,2011:27-29.

③ 张荔,罗春婵,孙颖. 金融危机救助:理论与经验 [M]. 北京:中国金融出版社,2011:120-122.

银行从 9 月 4 日起转而逐渐降低存款利率和放款利率，以刺激企业借贷，从而提振经济。到 1998 年 8 月，政府还向银行提供了 156 万亿卢比的透支来增加流动性。

（3）马来西亚

马来西亚也迅速实施了自救措施。首先，实施了紧缩的货币政策，大幅提高法定准备金率，并收紧贷款，提高银行间同业拆借利率。1997 年后半年起，马来西亚央行采取了适度从紧的货币政策。央行通过大幅提高隔夜拆借利率（7 月 10 日从 7.5％飙升到 40％），并迅速卖出 12％外汇储备的方式，来维持林吉特的币值稳定。但面对巨额的外债，马来西亚的自救措施相当于杯水车薪，无奈之下，从 7 月 14 日开始，马来西亚任由货币自由贬值。1998 年 1 月底，国家银行提供了 350 亿林吉特的流动性；2 月 16 日，首次调低法定储备金，从 13.5％下调到 10％，并将银行同业拆借利率从 10％提高到 11％[1]。其次，为清理银行呆账和坏账，专门成立了国家资产管理公司进行收购，并向资金短缺的银行注入流动性，1998 年 1 月底向国家银行提供 350 亿林吉特的存款。此外，还采取外汇及资本管制的方式制止本币外流，并进行了金融机构的改革和整合，并实施了紧缩的财政政策。

（4）韩国

韩国因在危机之前存在较高的信贷风险和过高的债务，导致危机后韩元大幅贬值，贬值幅度超过了 50％，对银行和企业产生了极大的危害。为此，首先采取的货币政策措施是以现金、债券的形式折价收购银行不良资产，并向流动性短缺的银行注入资金。1997 年 1 月，向央行共提供了 11.3 万亿韩元的存款和 233 亿美元的贷款。与此同时，为了稳定市场，央行提高了短期利率，将短期利率从 1997 年 12 月 1 日的 10％提高到了 12 月 24 日的 30％[2]。此外，政府还采取了金融体制改革及紧缩财政的政策措施，以缓解危机。

表 4 - 10 为亚洲金融危机主要国家货币政策措施。

---

① 何秉孟，刘溶沧，刘姝辰. 亚洲金融危机分析与对策 [M]. 北京：社会科学文献出版社，2007：174 - 175.

② 黑泽清一. 亚洲金融危机与国际货币基金组织存在的问题 [J]. 司伟，译. 日本世纪经济评论，1999（4）：24.

表 4-10　　　　　　　　　　亚洲金融危机主要国家货币政策措施

实施国家	时间	货币政策措施
泰国	1997 年 8 月—1998 年 12 月	为资金短缺的银行提供流动性支持，泰国政府 1998 年向泰国银行的分支金融机构发展基金 FIDF 提供的贷款和注入的资金共计 10370 亿泰铢，高达 GDP 的 22%。此外，泰国还采取了干预汇率、强制结汇的措施；金融机构发展基金给本国 58 家金融财务机构提供援助；金融改革措施包括对金融机构进行重组和调整，以监管其资金的增减和外债情况
马来西亚	1997 年 7 月—1998 年 12 月	调低法定存款准备金率，将其从 13.5% 下调为 10%；将银行同业拆息率从 10% 提升至 11%，并建立了存款保险机构，并规定证券行开设信托户头处理客户买卖股票款项，此外，还实施了外汇干预政策
韩国	1997 年 11 月—1998 年 12 月	实施紧缩性的货币政策，将短期贷款年利率从 14% 提高至 40%，同时将短期贷款自由化，同意银行通过发行金融债券来融资；取消了对利率的所有最高限额；发行了为期 1 年的 1 美元标价的国库券，并制定了允许外国无限制进入货币市场的时间表[①]
印度尼西亚	1997 年 8 月—1998 年 12 月	1997 年 8 月实施收紧银根的政策措施，提高银行存款利率，分别将 1 个月和 3 个月的定期存款利率提高至 30% 和 28%，本国银行和外国银行也将定期存款利率提高到 30%～40%，活期存款利率也从 15% 提高到了 25%。印尼银行从 9 月 4 日又将 3 个月定期存款利率从 9 月的 26.21% 降到 11 月的 17.57%
菲律宾	1998 年 1 月—1998 年 12 月	为增加流动性，菲律宾政府要求所有银行将其资产的 30% 打入外汇存款账户，通过发行中央债券来增加外汇储备，并提高隔夜拆借利率，降低商业银行准备金率；加强对银行风险管理，限制对房地产业的贷款，并对金融系统的整体状况进行评估

资料来源：根据亚洲危机大事记资料整理。

---

① 朴键一.论金融危机对韩国经济的影响 [J].当代亚太，1998 (5)：61.

2. 国际援助措施

泰国、印尼、菲律宾和韩国等在面临巨额外债的情况下，本国有限的救助无济于事，迫不得已申请国际援助。为了防止出现债务违约和流动性短缺而引起的金融市场的动荡，国际组织才出手救援主要危机国家。亚洲金融危机开创了国际货币基金组织（IMF）推动国际联合救助金融危机的先河。除了马来西亚之外，泰国、印度尼西亚、韩国都接受了国际货币基金组织（IMF）附加条件的援助贷款。

国际货币基金组织（IMF）于1997年8月筹集了172亿美元援助泰国，以稳定金融市场。其中，绝大多数援助贷款分别来自世界银行、亚洲开发银行、日本银行、亚洲其他国家银行以及中国和中国香港，IMF只提供了40亿美元的援助贷款。其中，8～12月得到了第1笔39亿美元的紧急贷款，其余按季度获得，并向银行注资80亿美元，使央行呆账备付金由7％降低到6％。此外，泰国央行贷款117亿美元拯救金融业（3年后还贷）。1997年10月，IMF、世界银行和亚洲开发银行共同出资给印度尼西亚提供了230亿美元的援助贷款，3年内分期拨款，但只有少部分真正落实。1997年11月韩国政府向国际货币基金组织求助，获得了IMF提供的210美元的援助贷款，但要求韩国政府在一定期限内改革本国的金融体系，并实行紧缩的货币政策和浮动汇率制度，政府尽量减少对外汇市场的干预①。马来西亚因IMF提出了苛刻的附带限制条件而拒绝了IMF的国际援助。

国际援助贷款虽然金额相对较大，但仍不足以偿还泰国、印尼、韩国等主要危机国家所有到期的巨额外债。再加上IMF援助的附加条件以及援助资金的时效性、缺位等因素的影响，其对亚洲危机国家的救助并没有发挥相应的作用。亚洲金融危机中的国际融资援助具体情况见表4-11。

表4-11　　　　　　　　亚洲金融危机中的国际融资援助情况　　　　　单位：亿美元

机构	泰国 （1997—1998年）	印尼 （1997—1998年）	韩国 （1997—1998年）
IMF	40	112	210
国际金融机构	41	211	140

---

① 孙建栋. 金融危机救助研究 [D]. 成都：西南财经大学，2013：88.

机构	泰国 (1997—1998 年)	印尼 (1997—1998 年)	韩国 (1997—1998 年)
双边支援	121	100	233
合计	202	423	583
IMF 实行金额	29	60	170

数据来源：日本 1999 年《世界经济评论》。

4.2.2　亚洲其他国家危机救助货币政策的增长效应

1. 经济增长效应

1990—1995 年，泰国、印度尼西亚尼、马来西亚、韩国等国的经济增长势头迅猛，储蓄率也很高，外债在 GDP 中的占比远低于 50％的临界值[①]。但 1994 年 12 月爆发的墨西哥经济危机使各国经济都受到了影响。1995 年泰国以透支方式维持经济高增长的弊端和不良资产的膨胀已凸显，1996 年经常账户赤字高达 8.1％，外债高达 1128 亿美元，占到 GDP 的 62％，其中，960 亿美元是短期内要偿还的债务，巨额的债务远超过泰国的外汇储备。1996 年年底，印度尼西亚外债数额竟然达到国内银行业资产总额的量，占到 GDP 的 54％。1997 年 11 月，韩国短期外债高达 889 亿美元，而此时的韩国央行的外汇可用储备只有 73 亿美元。

在亚洲金融危机中，多数发展中国家的货币和资产价值跌落幅度达 30％～40％。从 1997 年第 2 季度起，遭受危机冲击最为严重的几个发展中国家经济大幅下滑。其中，印度尼西亚降幅最大，GDP 增长率从 1995 年的 7.82％降为了 1998 年的 −13.2％；泰国 GDP 增长率则从 1995 年的 9.24％降到 1998 年的 −10.5％；而 1998 年韩国经济跌入近半个世纪以来的最低水平，GDP 增长率为 −5.7％，韩国银行业的损失达到 14.48 万亿韩元的最高数额；其中，马来西亚经济降幅相对前几个国家小一些，GDP 最低降至 −1.15％（见图 4 - 4）。

[①]　王光宇. 亚洲金融危机十年：总结与反思 [J]. 银行家，2007（7）：10 - 13.

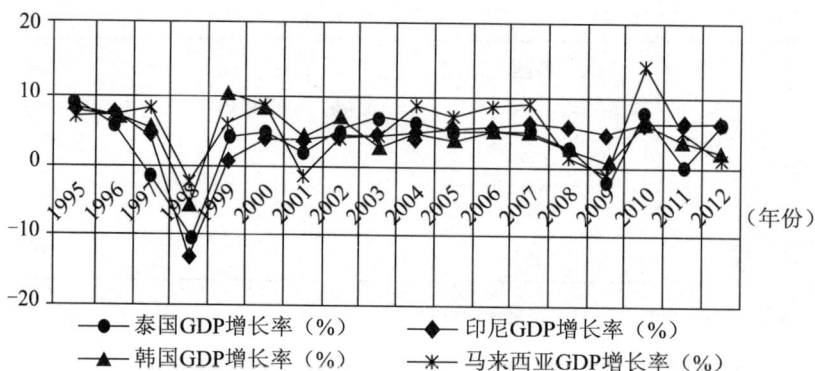

图 4-4 亚洲金融危机中主要发展中国家经济的波动情况

数据来源：世界银行数据库。

　　在危机初期，各国实施了紧缩性的货币政策和其他自救措施，在国际援助贷款的帮助下，1998 年 7 月，东南亚开始摆脱金融危机的困境。1999 年伴随着外部环境的改善，多数国家的经济开始复苏，上半年除泰国和印度尼西亚，多数国家 GDP 增速由负值提升为正值，到 1999 年第 4 季度，东亚经济逐渐恢复，各国出口和 GDP 都已恢复增长。到 2000 年，泰国和印度尼西亚 GDP 增长率已超过 4.5%，韩国和马来西亚恢复更快，GDP 增长率接近危机前 9% 的水平，之后东亚各国经济一直保持着这一较高的增长水平。直到 2008 年受国际金融危机冲击和其后的欧债危机影响，多数东亚国家的经济才又开始大幅波动，而印度尼西亚经济却并未出现明显的下降趋势，一直保持相对平稳的增长。

　　总之，东亚金融危机突如其来，又迅速恢复。虽然众多学者在国际货币及组织对亚洲金融危机援助的及时性及规模和其援助的附带条件等问题上存在争议，但泰国、韩国和印尼实施的紧缩性货币政策，使基础货币和 M2 以较低的速度增长，对经济的快速复苏起到了积极的作用，而对印尼实施紧缩的货币政策并未达到预期的效果①。各国经济的自救和 IMF 金融援助的作用在危机后期逐渐显现，但整体救助，尤其是各国自救的紧缩性货币政策和国际贷款援助，为危机国经济的快速复苏没有起到预期的作用，但不可否认的是，若没有国际援助贷款、各国的自救措施，危机的情况会更糟，各国经济

---

　　① 兰姆弗莱斯．新兴市场国家的金融危机［M］．成都：西南财经大学出版社，2002：30 - 35.

复苏进程也会拖得更长。

2. 就业效应

在危机前，除了印尼之外，其他国家的失业率均处在相对比较平稳的较低水平，在 1990—1996 年，泰国失业率最低平均约为 1.1%，韩国的失业率平均约为 2.4%，马来西亚的失业率为 3.5%[①]。

亚洲金融危机使亚洲多国遭受严重的冲击，不但使经济大幅衰退，而且导致各国汇率贬值、股市崩盘、银行倒闭、大量企业破产，大批工厂、公司纷纷裁员，从而使失业人数显著上升。自 1997 年第 2 季度起，泰国 91 家金融财务公司中有近 60 家倒闭，引起全国企业大批破产，上百万人失业，失业人数急剧增加，失业率从之前 1.1% 左右的水平上升到 1998 年的 3.4%，虽然总体看来失业率不太高，但涨幅达 3 倍多。韩国紧随泰国之后受到亚洲金融风暴的冲击，同样导致失业人数急剧增加，1998 年失业人数达 130 多万，失业率从 1997 年的 2.62% 上升到 1998 年的 6.95%，失业率也提升了近 3 倍之多；马来西亚的失业率在危机前后变化幅度不大，失业人数虽然增多，但失业率增幅相对较小，不到 1%，从亚洲金融危机到全球金融危机期间其失业率一直保持在 3.5% 左右的水平，2012—2013 年失业率降至 3% 的较低水平（见图 4-5）。

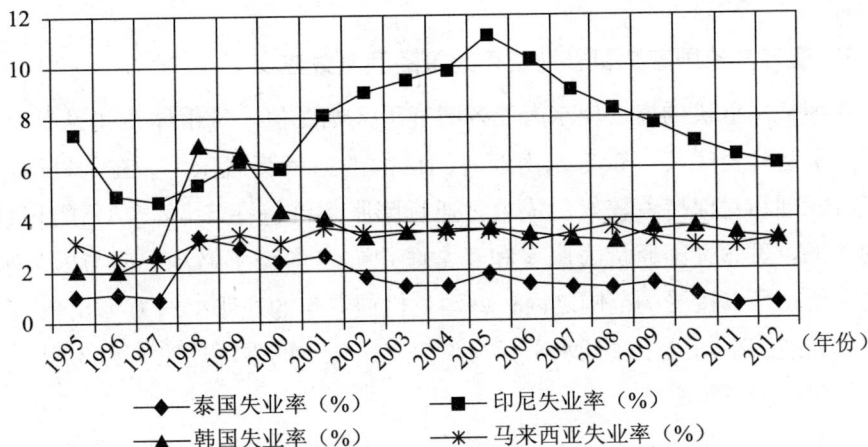

图 4-5　亚洲金融危机中主要发展中国家失业率的变化情况

数据来源：世界银行数据库。

[①] 王光宇. 亚洲金融危机十年：总结与反思 [J]. 银行家，2007（7）：11-13.

危机前印度尼西亚的失业率就接近 5％，危机后印尼失业问题更加严重了。因众多企业不堪债务过重而倒闭，失业人数大幅上升，1997 年印尼公开失业人数高达 880 万，1998 年公开失业人数上升到 1350 万①，失业率上升为 5.5％。危机后印尼政局的动荡，导致印尼失业率一路大幅攀升，从 1997 年的 4.8％上升到 2005 年 11.24％的最高点，远远高出了 7％的国际失业率警戒线。

在亚洲金融危机中，失业率大幅上升的泰国和韩国，在本国自救措施的实施和国际援助下很快转危为安了。尤其是泰国和韩国，到 1999 年改变了货币政策的方向，转而实施了宽松的货币政策，外加 IMF 的国际援助贷款，救助了面临破产的多数银行和企业，从而增加了就业人数，使两国经济得到了快速复苏，失业率也较快地下降了。到 2000 年，泰国的失业率降到了 2.4％的较低水平，韩国失业率也降至 4.42％。虽然两国失业率尚未回到危机前的水平，但相对危机期间的状况改善了许多。从 2001 年之后，泰国的失业率一直保持在 1.5％左右的低水平，尤其是在全球金融危机中也未受到冲击，相反，在金融危机前后一直处于缓慢下降的趋势，到 2013 年降到了 0.67％的新低水平。其中，韩国的失业率自 2002 年起一直在 3.5％左右的水平小幅波动，直到全球金融危机结束后开始缓慢下降，到 2013 年降为了 3％的相对较低水平。

4.2.3 亚洲其他国家危机救助货币政策的通胀效应

亚洲金融危机的爆发使东南亚各国货币大幅贬值，货币体系和股市崩盘，随后又引起外资撤离，带来东南亚各国巨大的通货膨胀压力。在危机前，泰国经济管理相对保持着较好的成效，通货膨胀率维持在 5.5％～6％的相对稳定的水平，虽然泰国通货膨胀率和经常账户赤字增长率略高，但与国际水平相比还处在可以接受的范围之内；韩国危机前 5 年的通胀率约为 4.5％；印尼失业率和通胀率均处于较低水平；马来西亚这几年的平均通胀率为 3.8％，也处在相对较低的水平。

自 1997 年 2 月 14 日泰铢大幅贬值，一日之内失去了 1/5 的国际购买力以来，伴随抛售泰铢、抢购美元的狂潮，泰国进口商品价格大幅上升，物价开

---

① 何秉孟，刘溶沧，刘姝辰. 亚洲金融危机分析与对策［M］. 北京：社会科学文献出版社，2007：154.

始大幅上涨，直接带来较大的通胀压力。东南亚其他国家也出现类似的状况，1997 年 8 月印尼银行联合印尼财政部宣布，放弃钉住美元的管制汇率政策，实行自由浮动式汇率政策后，印尼盾大幅下跌，到 12 月汇率大跌[①]，1 美元就能兑换到 4160 印尼盾，物价迅速上涨，通货膨胀率大幅提高，1998 年 2 月印尼的通货膨胀率高达 12.76%。为控制印尼盾的大幅贬值，印尼央行提高了基准利率，该措施的确十分有效，短短 1 年多的时间就将印尼的通货膨胀率从 1998 年 8 月最高位的 61% 降到了 2000 年 3.8% 的低位。韩国和马来西亚的情况也与泰国、印尼类似。危机的基本传导途径首先都是本币贬值导致进口商品价格的上升，随即引起通货膨胀率的攀升，即沿袭了同样的途径：

$$本币\downarrow \rightarrow 物价\uparrow \rightarrow 通胀率\uparrow$$

在各国危机救助货币政策措施和国际援助贷款的帮助下，除了印尼之外，东亚主要危机国家相对较快地控制了通货膨胀率的上升（见图 4-6）。印尼因政局动荡，而且在 2000 年之前其货币政策操作目标主要有货币供给量、利率及汇率，印尼央行通过操控基准利率来控制经济稳定。为了救助金融机构，

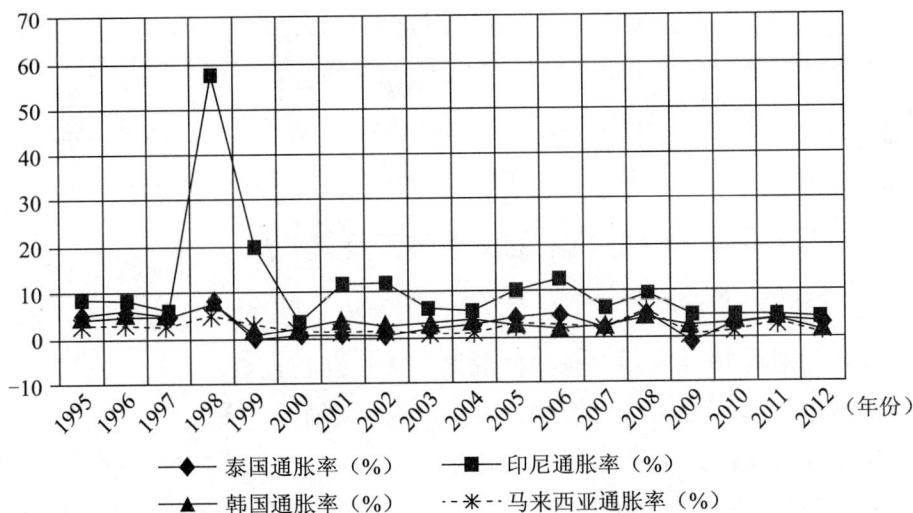

图 4-6 亚洲金融危机中主要国家的通货膨胀情况

数据来源：世界银行数据库。

---

① 苏小美，再谈印尼盾（对外公布版），网络（http：//blog.sina.com）。

并预防银行挤兑，1998 年上半年印尼的货币发行总量显著增加，结果因货币发行量失控，流通中的货币供应量过多，导致通货膨胀率大幅飙升[1]，通货膨胀率从 1997 年的 6.2％飙升到 1998 年的 58％，1999 年降至 20.8％。自 2000 年印尼采用了通货膨胀目标制的货币政策，以基础货币作为操作目标以来，通货膨胀率下降到了 3.8％，但此后通货膨胀率依然在 10％左右的较高水平波动。其他国家通货膨胀率下降到较低的水平，甚至低于危机前的水平，并趋于平稳状态。其中，泰国、韩国和马来西亚的通货膨胀率在 1999 年分别达到 8％、7.51％和 5.3％的最高值，随后在各国央行紧缩性货币政策的实施和国际援助贷款的帮助下，很快就显现出成效，到 1999 年泰国通货膨胀率迅速下降至 0.29％的历史最低水平，2000 年韩国通货膨胀率也下降到 0.81％的最低点，马来西亚的通胀率降为了 2.7％，而且在 2001—2005 年一直维持在 1.5％左右的低位。泰国和韩国的通胀水平在之后几年虽然有所反弹，但依然维持在较低水平。

亚洲金融危机至今，就东亚主要危机国家通货膨胀率的变化趋势而言，亚洲金融危机救助的紧缩性货币政策和国际货币援助，实施的力度不大，而且不及时，因而使救助效果打了折扣，但对于抑制危机国通货膨胀的上升和抚平通胀的波动起到了一定的作用，在较短的时间内控制了通货膨胀的上升和波动，若没有实施紧缩性的货币政策和国际的贷款援助，通胀情况会更糟，也不可能在短时间内得到控制和下降，并趋于平稳状态。

4.3 拉美发展中国家危机救助货币政策及其效应

自 20 世纪 80 年代以来，拉美主要国家曾先后发生了 3 次影响较大的金融危机，分别是 1994 年墨西哥金融危机、1999 年巴西金融危机、2000 年阿根廷金融危机[2]。频繁爆发的金融危机使拉美主要国家经济衰退，甚至还引发了一系列政治和社会问题。为此，在危机救助中的经验和教训值得去研究，尤其是货币政策措施实施的经验和教训，对于预防和保持金融、经济的稳定及可持续发展，具有十分重要的意义。

---

① 刘明兴，罗俊伟，许秀兰．亚洲金融危机的拯救及其宏观经济效果 [J]．江西财经大学学报，2001（3）：8.

② 按历史划分，墨西哥、巴西、阿根廷都属于拉美国家。

4.3.1　拉美主要发展中国家危机救助货币政策

1. 墨西哥金融危机救助的货币政策

1994 年 12 月 20 日，墨西哥金融危机的爆发使比索大幅度贬值，从而导致了利率的上升。此次金融危机使墨西哥汇率接近枯竭，比索 1 个月内贬值 65.8％，汇率狂跌、股票下跌幅度超过了比索贬值的幅度。在危机之初，为了稳定币值和金融市场，墨西哥政府实施了紧缩性货币政策和财政政策，而此举又促使利率上升，导致年利率突破了 100％的最高水平。利率的上升导致财务状况恶化，银行收益下降，逾期贷款不断增加，资产质量下降。为了稳定墨西哥的金融市场，国际组织设立了 180 亿美元的国际基金。此外，1995 年墨西哥货币政策把稳定币值作为主要目标，实行浮动汇率制度，采取了紧缩性货币政策，央行开始严格控制对外再贷款，将贷款利率从 1994 年的 19.3％提高到 1995 年的 59.4％，之后随着经济的复苏，逐渐调低了贷款利率，从 2002 年之后一直维持在相对较低的水平。其中，实施的货币政策措施主要有以下几项，见表 4 - 12。

表 4 - 12　　　　　　　　墨西哥危机救助的货币政策措施

时间	货币政策措施
1994 年 4 月 26 日	墨西哥与美国、加拿大建立永久性货币互换安排
1994 年 12 月 21 日	墨西哥政府宣布紧缩货币政策
1995 年 1 月 9 日	墨西哥宣布扩充银行资本计划
1995 年 1 月 26 日	墨西哥签署了向国际货币基金组织贷款 78 亿美元的意向书
1995 年 2 月 21 日	墨西哥与美国签署贷款协定
1995 年 3 月 10 日	墨西哥当局宣布对银行向中小企业贷款进行重组
1995 年 4 月	墨西哥银行向银行业储蓄保护基金提供 380 亿比索的贷款，此外还注入 39 亿美元的流动性

资料来源：根据墨西哥金融危机大事记资料整理。

墨西哥除了实施上述自救政策措施之外，为了稳定金融市场，尽快促进经济复苏，还大量举借外债，接受了由美国牵头的带有苛刻附带条件的国际援助贷款（要求墨西哥以石油出口收入为抵押担保获取贷款），而其他国家及

国际货币基金组织等机构没有对墨西哥提出过于苛刻的援助条件。国际援助情况具体见表 4 - 13。

表 4 - 13　　　　　墨西哥 1995 年获得的国际援助贷款情况

援助机构或国家	国际货币基金组织	国际清算银行	其他国际商业银行	美国	加拿大	巴西、阿根廷、智利等
援助金额	178 亿美元	100 亿美元	30 亿美元	100 亿美元	10 亿美元	10 亿美元

在美国的推动下，墨西哥共获得 428 亿美元的国际援助贷款，其中，292 亿美元除用来偿还到期的短期外债之外，还用于充实国库和支持面临倒闭的银行，到 1995 年共利用了 360 多亿美元。政府通过外资充实银行体系的资本，到 1995 年 2 月，将外资持有银行股份上限提高到 25％，此举重塑了银行信誉，增加了银行体系的稳定性。外资银行竞相收购墨西哥的银行，到 2001 年 12 月，外资银行控制的银行业总资产高达 76％。此外，政府还推行了迟到的汇率改革和金融改革等自救措施，并通过引入外资银行的方式救助本国陷入困境的银行体系。

2. 巴西危机救助的货币政策

危机前，拉美第一大经济体巴西长期承受着高通胀的巨大压力，为了降低通胀率，自 20 世纪 90 年代以来，巴西一直实施紧缩性的货币政策。在钉住美元的固定汇率制度下，单靠利率的调整是难以兼顾物价稳定与国际收支平衡的双重目标的，这导致了巴西经济内外部均失衡的不利局面[1]，使政府巨额财政赤字一路攀升（占 GDP 的 8％），最终导致巴西金融危机的爆发。危机使本来已很高的利率再次上升，1998 年巴西贷款利率高达 86.4％，成为了全球利率最高的国家。巴西央行为防止资金流出和稳定币值，将利率降低为 50％，使汇率定值和利率过高，造成经济萧条。1999 年 1 月 15 日，巴西宣布对本国货币雷亚尔实行贬值，致使 5 月初雷亚尔贬值的幅度接近 70％，导致约有 400 亿美元外资撤出。为了遏制资金外逃并支持雷亚尔汇率，1 月 27 日巴西央行将其优惠利率提高到了 34％，29 日央行将同业拆借利率提高至

---

① 王宇. 巴西退出：一个政策不能同时实现两个目标 [N]. 中国经济时报，2004 - 11 - 11.

37%①，随后又提升到41%，但仍未阻止本币贬值、汇率下降的趋势。为应对金融危机的冲击，巴西政府采取了一系列救助措施，除制定增收节支、降低公共赤字的紧缩性财政政策之外，还向国际货币基金组织申请援助贷款，寻求外部资金②。1998年12月2日，国际货币基金组织给予巴西181亿美元、为期3年的贷款。1999年1月，经协商，美国给巴西提供415亿美元的紧急贷款，这些带有附加条件的援助贷款及时缓解了巴西外汇储备不足的困难，对促进其经济的恢复发挥了重要作用。

巴西央行采取的货币政策措施主要有如下几点：通过整顿银行清理了不良资产；为了稳定外汇储备，增强外国投资者的信心，将钉住汇率变为了浮动汇率；为了稳定金融市场，提升信心，及时更换了中央银行行长，1999年2月初任命对国际金融市场操作富有经验的弗拉加为央行新行长。3月4日起央行取消了年基准利率及银行间拆借利率，使利率统一为央行公布的利率，并将年利率从39%上调至40%。央行采取的紧缩性货币政策和其他一系列紧缩性财政政策，以及国际金融组织的援助，使巴西金融市场动荡很快得到控制，促进了经济的全面复苏。通过以上措施，到1999年5月19日，巴西金融形势已经逐步趋向稳定，通货膨胀得到有效的抑制，利率也开始下降，外国资本开始回流，并且汇率趋向稳定，国际收支的经常项目出现盈余，财政状况也开始好转，公共财政出现了盈余。以上成效的取得主要归功于巴西央行采取的以下货币政策措施：央行先后7次降低贷款利率，由最高的49.75%下降为23.5%，利率的下降推动了企业的贷款，有效刺激了经济的恢复和发展以及就业的增加③。

3. 阿根廷危机救助的货币政策

1991年起阿根廷政府进行了汇率制度改革，实行了"兑换计划"，即以控制通货膨胀为目标的货币局制度（固定汇率），并采取了一些金融自由化措施，不但相对成功地稳定了汇率，而且促进了经济的持续高速增长和就业增加，人均GDP超过了8000美元，还将通货膨胀维持在较低水平④，成为世界经济改革的"典范"的国家。但好景不长，随后墨西哥金融危机、亚洲金融

① 只秀英. 巴西金融危机大事记 [J]. 中国外汇管理, 1999 (2)：42.
② 宋林峰. "金融危机和巴西金融形势"研讨会综述 [J]. 拉丁美洲研究, 2000 (2)：60.
③ 吕银春. 巴西为什么能在短期内克服金融动荡 [J]. 拉丁美洲研究, 1999 (6)：32.
④ 张志文. 阿根廷金融危机的成因剖析和经验教训 [J]. 国际金融, 2002 (6)：58-59.

危机和巴西金融危机的影响，使阿根廷经济呈现较大波动。在阿根廷经济尚未恢复之际，政府长期实行赤字财政政策，为弥补赤字又高息举债，同时，由于阿根廷过度依赖外资银行，让外资控制了整个银行体系，外资银行控制了 62%～68% 的商业银行总资产①，背负巨额债务，再加上阿根廷实行了长达 11 年之久的货币发行局制度，即固定与美元 1∶1 的汇率②，最终导致了 2001 年 12 月阿根廷"三重危机"（债务危机、政治危机和社会危机）的爆发。为了抑制危机的加深，阿根廷政府迅速采取了一些危机救助措施，其中，危机救助的货币政策措施具体见表 4-14。

表 4-14　　　　　阿根廷在 2001—2003 年的危机救助货币政策措施

时间	货币政策措施
2001 年 12 月 3 日	政府宣布即日起限制从银行提款，限制向国外转移资金
2001 年 12 月 7 日	央行为遏制银行间的贷款转移，对新存款提出了更高的准备金要求
2001 年 12 月 23 日	政府宣布停止支付 1320 亿美元的债务
2002 年 1 月 6 日	国会通过《公共紧急状态和汇率体制改革法》，放弃了 1 比索兑换 1 美元的固定汇率制，同时将银行存款和政府债务按规定汇率强制比索化③
2002 年 1 月 11 日	外汇市场重新开放（比索兑换美元汇率下跌到 2∶1）

资料来源：根据阿根廷危机大事记资料整理。

此外，阿根廷以严格执行其零财政赤字计划为条件，于 2001 年 8 月 21 日获得国际货币基金组织 80 亿美元的应急追加贷款。

4.3.2　拉美主要发展中国家危机救助货币政策的增长效应

1. 经济增长效应

受金融危机影响，墨西哥 GDP 增长率从 1994 年的 4.7% 急转直下为 1995 年的 -5.8%，损失了 450 亿美元，约为 GDP 的 16%，是墨西哥经济增

---

①　沈安. 阿根廷金融危机的启示 [N]. 经济参考报，2002-06-15.
②　古羽. 阿根廷破产 [J]. 财经，2001（12）：52.
③　孙立，秦婷婷. 论 20 年来拉美四次金融危机及对我国的启示 [J]. 东北师大学报，2004（7）：48.

长率在整个 20 世纪以来的最大降幅。而拉美地区经济增长率由 1994 年的
5.2%降为 1.1%，人均 GDP 由 1994 年增长 3.4%降为－0.6%[①]。危机爆发
后，墨西哥采用了通货膨胀目标制的货币政策，逐渐使经济趋于稳定。此外，
1995 年年初美国动用了汇率稳定基金（ESF），并主导国际货币基金组织、国
际清算银行和其他商业银行共提供了 530 亿美元的援助贷款，使墨西哥的金
融形势得到了有效控制，并使墨西哥经济从第 4 季度起逐步走出危机[②]。到
1996 年，墨西哥 GDP 增长率提高到了 5.66%，1997 年增长率达到 7.2%。
但 1999 年受巴西金融危机的影响，其经济又开始波动，尤其是 2001 年受阿
根廷金融危机的影响，墨西哥经济增长率下降为－0.4%，之后在各种救助措
施的实施下缓慢恢复。2008 年墨西哥再次受全球金融危机的冲击，经济增长
率大幅下降，直到 2010 年才恢复增长并趋于平稳（见图 4-7）。

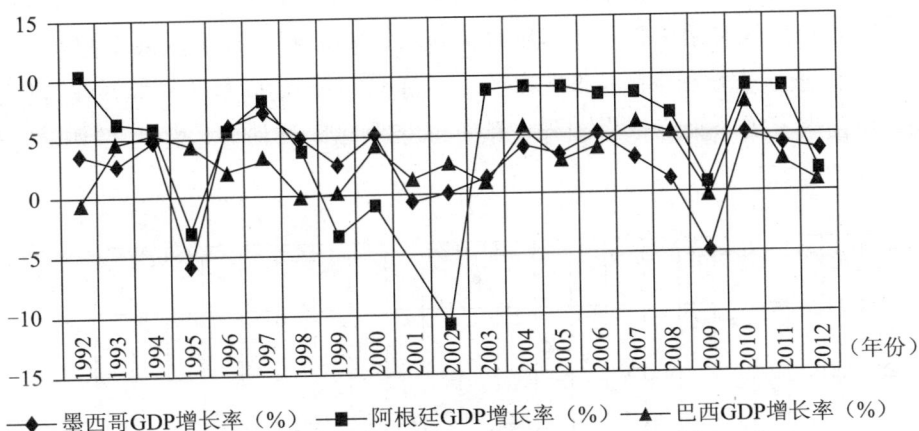

图 4-7　拉美金融危机主要发展中国家 GDP 增长率变化情况

数据来源：世界银行数据库。

墨西哥金融危机冲击整个拉美地区，多数国家都受到了影响。1998 年巴
西国债利率是 30%，到第 3 季度为了阻止资本流出，不惜将利率调到 40%，
如此高的利率虽然抑制了通货膨胀，但同时也抑制了私人投资，造成经济
衰退。

　　[①]　孙立，秦婷婷. 论 20 年来拉美四次金融危机及对我国的启示 [J]. 东北师大学报，2004
(7)：47.
　　[②]　中国金融网综合. 1994 年墨西哥金融危机的来龙去脉 [EB/OL]. 2010-03-15.

　　拉美第一大经济体巴西受墨西哥金融危机的影响，从 1994 年起经济就开始下滑，到 1998 年又遭遇本国金融危机的爆发，巴西经济遭遇寒冬，GDP 增长率从 1994 年的 5.3％降至 1998 年 0.035％的低位。在巴西危机救助货币政策的实施及国际组织的共同努力下，2000 年巴西经济趋于好转，GDP 增长率上升至 4.3％，紧接着在遭遇阿根廷金融危机的冲击后又开始下降，到 2004 年才恢复，之后几年一直处在小幅波动的增长过程中。巴西同样未逃脱 2008 年大危机的冲击，经济增长再次下降，呈现负值，2010 年反弹后又随经济大气候的变化而波动。

　　被称为拉美典范国家的阿根廷，因 2001 年再次爆发了严重的金融危机，GDP 增长率从 1997 年的 8.1％降至 2002 年－10.9％的历史最低水平。一般而言，当一国经济陷入衰退时，政府可以利用货币政策来刺激经济。但由于阿根廷货币局制度的实施带来了高利率，其汇率制度的"紧身衣"效应的约束，使阿根廷政府无法有效地运用放松银根、降低利率等手段来调控经济[①]。2002 年阿根廷贷款利率高达 51.68％（见图 4－8），如此高的利率导致信贷收缩，国内融资需求只好依靠国外，预算赤字依靠国外债务，恶化了国际收支账户和预算账户[②]。

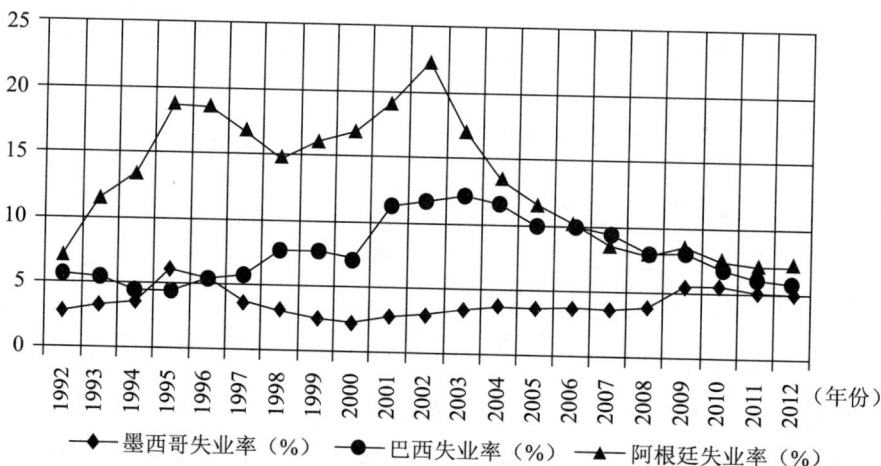

图 4－8　拉美发展中国家失业率的变化情况
数据来源：世界银行数据库。

---

① 江时学．拉美为什么经常爆发金融危机［J］．太平洋学报，2004（1）：58.
② 邓蓓．阿根廷货币金融危机的回顾——原因分析及启示［J］．华北金融，2005（9）：61－62.

在阿根廷危机救助货币政策措施的实施和国际援助下，阿根廷经济从2002年后第2季度开始好转，到2003年GDP增长率又迅速提高到8.9%的较高水平，之后几年的经济增长一直保持在近9%的水平。全球金融危机中阿根廷也未能幸免，GDP增长率再次大幅下降至2009年的0.85%，2010年恢复到危机前的增长水平，但一波未稳之时一波又起，受欧债危机的影响，其经济又开始波动。

2. 就业效应

墨西哥金融危机的爆发使货币大幅贬值，导致消费者无法偿还住房贷款和其他贷款，大批银行因支付困难面临破产，大量企业倒闭。与危机前相比，失业率从1993年的3.4%增加到1995年的6.2%，失业人口增加了200万。仅在1995年1~2月就有近2万家企业倒闭，占全国企业总数的3%。在墨西哥危机救助措施的实施和国际援助下，1996年随着墨西哥经济的好转，就业人数开始增加，失业率也开始逐渐下降，到2000年降到20年以来的最低点2.2%，之后虽有所反弹，但一直处在相对较低的水平。受全球金融危机的冲击，2009年其失业率上升到5.46%，实施危机救助的政策措施之后，随着实体经济的复苏，就业人数逐渐增加，失业率又开始缓慢下降，到2012年已低于5%。

巴西失业率在危机前就处在较高的水平，1998年危机爆发后失业率从1997年的5.7%上升为7.6%。虽然政府采取了一系列危机救助的政策措施，且有国际援助刺激经济复苏，但这些措施对于就业的增加无济于事。2001年的阿根廷危机又使巴西雪上加霜，失业率大幅上升，2003年阿根廷失业率高达12.3%，从2004年后一直缓慢下降，到2012年巴西失业率降为5.5%，显然，巴西政府及国际组织的危机救助措施对促进巴西就业的增长起到了一定的作用。

拉美20世纪90年代的几次金融危机使阿根廷的就业受影响最大，1992年阿根廷失业率虽然处在7.1%的较高水平，但墨西哥金融危机的爆发使阿根廷失业人数骤增，失业率大幅上升至1995年的18.9%。之后虽有所下降，但紧接着受1998年巴西金融危机的冲击，2001年又遭遇本国金融危机的爆发，阿根廷失业人数急剧上升，2002年失业率攀升至22.5%的最高点。在阿根廷政府危机救助措施的实施和国际组织的援助下，阿根廷经济从2003年开始恢复，就业人数也逐渐增加，此后失业率一直呈现下降趋

势，但到 2012 年失业率仍然处在 7.2% 的较高水平（高于 7% 的警戒线）。事实表明，危机救助措施对阿根廷经济的复苏和就业的增长有所改善。显然，近 10 年的时间内阿根廷政府并没将失业率控制在较低的水平，失业人数依然较多。

4.3.3　拉美主要发展中国家危机救助货币政策的通胀效应

在危机之前，墨西哥处在高通胀时期，但政府在控制通胀方面取得了显著成效，使通货膨胀率从 1987 年 160% 的超高水平成功降到了 1994 年第 3 季度的 7%。但墨西哥实施的"汇率锚"为核心的控制通胀措施，虽然有效降低了通货膨胀率，但导致对比索的高估，在危机发生前 3 年内比索被累计高估了 26%[①]。墨西哥金融危机爆发后比索的大幅贬值，导致了通货膨胀率再次大幅攀高，从 1994 年 6.99% 飙升到 1995 年的 35.06%，使通货膨胀的上升幅度大于比索的贬值幅度，导致实际工资降低了 20%。危机后墨西哥采用通货膨胀目标制的货币政策，在继续实施"汇率锚"政策的同时，实施"货币锚"政策，即采用高汇率和高利率的政策。通货膨胀目标值的货币政策取得了比较显著的成效，再加上国际援助贷款的帮助，迅速稳定了经济动荡，提升了墨西哥以后的信誉，增强了投资者的信心，从而促进了就业的增加，控制了通货膨胀的上升。到 2002 年，其通货膨胀率下降为 5%，此后一直保持在该水平之下，虽然 2008—2009 年因受大危机冲击有所波动，但之后又趋于平稳，有下降趋势。

巴西央行为稳定物价，降低通货膨胀率，从 1994 年第 3 季度起，实施了以抑制通货膨胀为核心的货币政策措施，将新雷亚尔与美元的汇率固定在 1∶1，成功使通货膨胀率从 1994 年 2075.8% 之高的"天文数字"急剧降到了 1995 年的 66%。随后 3 年，通货膨胀率连续下降，到 1998 年降为 3.2% 的较低水平。但通过利率政策和外汇市场干预，造成了经常账户的巨额逆差。为了改善巨额的贸易逆差，巴西央行开始持续、大幅提高利率水平，加剧了雷亚尔的高估、外债激增等因素，从而导致货币大幅度贬值，政府只好于 1999 年 1 月 18 日宣布实行自由浮动的汇率制度[②]。而 1999 年巴西金融危机的爆发，又使通货膨胀率开始反弹，到 2000 年上升到 7.04%，在巴西政府救助措

---

① 江时学．论 1994 年墨西哥金融危机 [J]．世界历史，2002 (6)：52.

② 王宇．巴西退出：一个政策不能同时实现两个目标 [N]．中国经济时报，2004 - 10 - 11.

施的刺激下，2001 年略有下降，但因未能幸免于阿根廷金融危机的影响，2003 年又攀升至 14.7% 的高位，此后几年一直处在 5% 左右的水平波动。显然，在拉美金融危机期间，巴西通货膨胀率波动幅度仍然较大，危机救助的政策措施的效果有限，尤其是货币政策的效果比较微弱。

阿根廷自 20 世纪 90 年代初采取货币局制度后，通胀很快得到控制，1994 年的通货膨胀率从之前的高位大幅下降为 4.2% 的较低水平。但固定汇率的货币局制度虽然有效降低了通货膨胀率，却以比索被高估为代价，恶化了国际收支，紧缩性的货币政策控制了通货膨胀率[①]，使阿根廷通货膨胀率在 2002 年前的 7 年时间内处在很低的水平。但危机的爆发使通胀率突增，从 2001 年的 -1.1% 上升到 2002 年的 25.87%，直到 2004 年，政府采取一系列救助措施，通货膨胀率才下降到了 4.4%，之后又随着经济形势的变化而在 9% 左右的较高水平波动。显然，在金融危机的救助中，货币局制度的实施使得比索随着美元的走高被逐步高估，导致危机救助的货币政策实施空间受限，也因此导致危机期间通货膨胀率再次高升，而未得到有效控制。

拉美主要发展中国家通货膨胀率的变化情况见图 4-9。

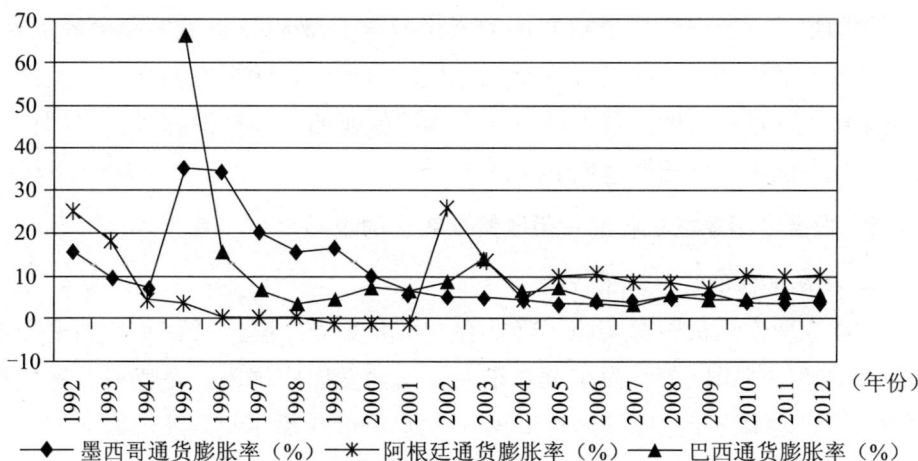

图 4-9 拉美主要发展中国家通货膨胀率的变化情况
数据来源：世界银行数据库。

---

① 邓蓓. 阿根廷货币金融危机的回顾——原因分析及启示 [J]. 华北金融，2005 (9)：61-63.

4.4 小结

整体而言,通过分析亚洲和拉美主要发展中国家危机救助货币政策及其产生的增长效应和通胀效应,发现上述发展中国家危机救助货币政策的实施及其效应既有一些共同特征,也存在诸多的差异。具体情况如下。

4.4.1 发展中国家危机救助货币政策及效应的共同特征

1. 在危机救助货币政策方面

危机救助之初,除中国、阿根廷外,其他主要发展中国家都实施了紧缩性的货币政策。在短期内,都通过提高利率来防止资本外流和维持汇率的稳定。同时,为了尽快摆脱危机困境,除中国、印度尼西亚外的其他发展中国家,都接受了带有苛刻附加条件的国际援助贷款。

2. 从危机救助货币政策的效应来看

除了中国和阿根廷经济较快复苏外,其他主要发展中国家经济复苏相对比较缓慢。各国央行实施的危机救助货币政策,虽然对于经济的复苏及通胀的控制起到了一定的作用,但所发挥的作用相对有限,没有达到预期的效果。

3. 在就业方面

除印尼外,亚洲金融危机救助的货币政策有效地控制了失业率的上升,促进了就业的增加。在拉美几次金融危机的救助中,除了巴西之外,其他主要发展中国家危机救助的货币政策,对本国就业的增加都发挥了一定的促进作用,使各国失业率逐渐呈现下降趋势。

4.4.2 发展中国家危机救助货币政策及效应的差异

1. 在危机救助货币政策方面

中国在两次危机中都实施了降低存款准备金率、降低贷款基准利率和增发国债的宽松货币政策。而东亚及东南亚其他发展中国家,在亚洲金融危机初期,错误地实施了紧缩性的货币政策。到 1999 年后半年,才转而实施了宽松的货币政策,使东亚各国经济有了明显好转。而在拉美金融危机救助中,阿根廷逆向 IMF 的要求,实施了宽松的货币政策,而拉美其他主要发展中国家,在危机救助的全程都实施了紧缩性的货币政策。

2. 从危机救助货币政策效应看

虽然亚洲主要发展中国家的危机应对政策基本相同,但具体到各国,因

国情而异又有不同的侧重点，因而危机救助货币政策存在实施的差异性，各国经济的复苏也存在不平衡性。中国两次率先从亚洲金融危机和全球金融危机中最早复苏，同时带动了地区乃至全球经济的复苏。此外，阿根廷危机救助的货币政策措施明显改善了经济和就业状况，使其在 2002 年的金融危机中较快复苏，成为其他国家效仿的榜样。

3. 在就业方面

亚洲金融危机救助的货币政策，使失业率大幅上升的泰国和韩国很快转危为安，马来西亚失业率也得到了有效的控制，一直处在平稳的水平。而印尼失业率依然大幅攀升，危机救助的货币政策对其无效。在几次拉美金融危机中，巴西失业率在危机前就处在较高的水平，其央行实施的危机救助货币政策对于就业的增加无济于事。虽然危机救助的货币政策对阿根廷的就业有一定的促进作用，但危机后巴西和阿根廷的失业率依然远高于 7%。

4. 在通货膨胀方面

亚洲金融危机中，由于印尼在 1998 年上半年货币发行总量显著增加，结果因货币发行量失控，使流通中的货币供应量过多，导致通货膨胀率大幅飙升。

在拉美发展中国家中，由于墨西哥实施的以"汇率锚"为核心的控制通胀的措施，高估了本币，结果危机爆发后比索大幅贬值，导致通货膨胀率再次大幅攀高。在阿根廷金融危机救助中，其货币局制度的实施，使得比索随着美元的走高被逐步高估，因此导致危机期间通货膨胀率再次高升，未得到有效控制。在 2008 年全球金融危机救助中，中国因实施了宽松的货币政策，外加热钱的流入，出现了明显的通货膨胀和资产泡沫风险。

4.4.3 发达国家和发展中国家危机救助货币政策及效应的比较

1. 主要的共同点

在危机救助政策方面，主要发达国家和发展中国家在危机救助中，针对众多银行资金短缺，大量企业面临倒闭，失业率上升，经济衰退的局面，都以刺激经济复苏和就业增加为主要目标，协同实施了危机救助的货币政策和财政政策，并辅助以其他政策措施。尤其是，多数国家实施了以危机救助的宽松货币政策为主的政策措施，才成功抑制了危机的蔓延，刺激了经济的复苏和就业的增加。

2. 主要差异

在亚洲金融危机和几次拉美金融危机的救助中，除了中国和阿根廷外，其他主要发展中国家在危机之初都错误地实施了紧缩性的货币政策，使危机恶化后，转而实施了宽松的货币政策，才有效刺激了经济的复苏和就业的增加。而且，除了印尼，其他国家都接受了 IMF 等国际组织提供的带有苛刻附加条件的援助贷款，中国给其他亚洲危机国家提供了援助。

在全球金融危机和欧债危机中，主要发达国家都实施了以非常规货币政策为主的危机救助货币政策，为增加流动性创新使用了许多货币政策工具，有效促进了经济的复苏和就业的增加。而且在全球金融危机中，以美国为首的主要发达国家危机救助的货币政策实施比较及时，其实施力度、节奏和幅度都是前所未有的，救助效果也是有目共睹的。但由于实施的力度过大，导致货币超发、流动性过剩的溢出效应，使许多国家物价大幅上升，资产泡沫风险加大，通货膨胀压力增大。

5 危机救助货币政策效应的实证分析

危机救助的货币政策实施效果如何，要对货币政策目标实现的程度进行实证检验。危机救助货币政策实施的目标主要包括迅速恢复经济增长、保持物价相对稳定和降低失业率等。本章主要实证检验危机救助货币政策的经济增长效应、就业效应和通胀效应。检验危机救助货币政策的效应，需要从危机时期货币政策工具的使用与宏观经济指标变化的关系入手进行分析。

5.1 模型的建立与分析

5.1.1 计量方法

1. 危机救助货币政策的度量

在金融危机时期，政府及其部门对金融机构、金融市场、实体经济所采取的一切直接与间接的维护金融体制与总体经济稳定的政策措施主要以非常规货币政策为主。简而言之，即在金融危机发生过程中，为预防金融危机进一步恶化，政府部门常采取除常规手段之外的救助行动。一般情况下，中央银行通过公开市场操作或通过贴现窗口、直接贷款等向金融机构、金融市场提供急于解决危机的流动性。实际上，在最初由中央银行承担最后贷款人，通过对金融机构和金融市场通过公开市场操作或贴现窗口、直接贷款等方式向金融机构、金融市场提供流动性，往往不能满足金融危机对救助的客观要求，需要中央银行发挥超常规的作用，而且，财政部门在金融危机中也会起到相当关键的作用，救助不仅仅依靠货币政策及其工具，在货币政策有效的前提下，财政政策也具有不可替代的作用。鉴于此，危机救助货币政策的度量是一件非常困难的事情。本书在综合考虑实证研究的可行性和危机救助货币政策有效的基础上，采用指数平滑的方法，分离出货币供应量和利率中的趋势部分，保留数据序列中的波动值，将其作为衡量危机救助货币政策的度

量值。需要解释的是，危机期间的异常波动值作为危机救助货币政策是容易理解的，但非危机期间的波动值如何作为非常规政策呢？本书基于以下考虑：一是有异常波动的非危机期可以视为金融危机的潜伏期或危机后的恢复期，在此期间，货币政策的异常波动可以被视为非常规政策；二是需要得到连续的时间序列数据才能进行计量分析。因此，本书中的危机救助的货币政策度量方法是比较合理的。

2. 金融危机的度量

金融危机发生与否是经济主体的行为选择问题，是典型的非线性问题。因此，运用离散变量可以较为准确地描述金融危机发生与否这一事件。实证研究中的金融危机变量为二元选择变量，如果观察到金融危机发生，则令变量赋值为 1，否则赋值为 0。由于面板数据有利于深入分析危机救助货币政策化与金融危机发生之间的内在逻辑关系，因此，本研究拟建立动态面板 GMM 模型来分析金融危机发生的结构性机理。

3. 实证模型的建立

通过实证模型，对国际主要国家金融危机和中国危机救助货币政策与物价波动的关系进行量化研究，比较常用的模型是多元回归模型，金融危机救助的货币政策与物价波动的关系是典型的线性问题，而且本书拟用 1992—2012 年主要的国际金融危机发生国家和地区危机救助货币政策效应进行考察，因此，运用静态面板估计方法和动态面板（广义矩估计）GMM 模型可以较为准确地描述实施金融危机救助货币政策的效应。研究中将经济增长率、物价指数和失业率分别作为被解释变量，货币供给量 M_2 或利率波动水平 R 为解释变量，GDP 增长率为衡量经济增长指标，物价波动水平（Inf）为衡量通货膨胀的指标，政府支出（Gov）为衡量财政政策的指标，就业率（Em）为衡量就业情况的指标，其他因素为控制变量，金融危机（FR）为危机发生与否的虚拟变量，金融危机变量为二元选择变量，如果观察到金融危机发生，则令变量赋值为 1，否则赋值为 0。因本书拟用的研究既需要横向的国际数据，也需要纵向的年度（1992—2012）数据，为此，适合用静态面板模型和动态面板 GMM 模型，这有利于深入分析金融危机救助货币政策与其效果之间的内在逻辑关系。

5.1.2 实证模型

为了研究金融危机救助货币政策对经济增长、通货膨胀以及就业率是否

有影响及影响程度如何，建立如下静态模型：

$$GDP_{it} = \alpha_i + \beta_i M_{it} + \vartheta_i FR_{it} \times M_{it} + \sum_{i=1}^{n} X_{it} + \xi_{it}$$

$$\xi_{it} = \upsilon_{it} + \eta_{it} + \varepsilon_{it} \tag{5-1}$$

式（5-1）中，GDP_{it} 表示经济增长，是被解释变量；α_i 为截距项，M_{it} 为危机救助货币政策指标，$FR_{it} \times M_{it}$ 为危机救助货币政策指标与危机变量的交叉项，FR_{it} 表示金融危机，为金融危机发生与否的二元选择变量，控制变量 $\sum_{i=1}^{n} X_{it}$ 为影响经济增长的其他因素，其中：Gov_{it} 为财政政策指标，Inf_{it} 为通货膨胀指标，Em_{it} 为就业率。υ_{it} 表示截面虚拟变量；η_{it} 表示时间虚拟变量；ε_{it} 为随机干扰项。

$$Em_{it} = \alpha_i + \beta_i M_{it} + \vartheta_i FR_{it} \times M_{it} + \sum_{i=1}^{n} X_{it} + \xi_{it}$$

$$\xi_{it} = \upsilon_{it} + \eta_{it} + \varepsilon_{it} \tag{5-2}$$

式（5-2）中，Em_{it} 为就业率，是被解释变量；α_i 为截距项，M_{it} 为危机救助货币政策指标，$FR_{it} \times M_{it}$ 为危机救助货币政策指标与危机变量的交叉项，FR_{it} 表示金融危机，为金融危机发生与否的二元选择变量，控制变量 $\sum_{i=1}^{n} X_{it}$ 为影响经济增长的其他因素，其中 Gov_{it} 为财政政策指标，GDP_{it} 表示经济增长，Inf_{it} 为通货膨胀指标。υ_{it} 表示截面虚拟变量；η_{it} 表示时间虚拟变量；ε_{it} 为随机干扰项。

$$Inf_{it} = \alpha_i + \beta_i M_{it} + \vartheta_i FR_{it} \times M_{it} + \sum_{i-1}^{n} X_{it} + \xi_{it}$$

$$\xi_{it} = \upsilon_{it} + \eta_{it} + \varepsilon_{it} \tag{5-3}$$

式（5-3）中，Inf_{it} 为通货膨胀指标，是被解释变量；α_i 为截距项，M_{it} 为危机救助货币政策指标，$FR_{it} \times M_{it}$ 为危机救助货币政策指标与危机变量的交叉项，FR_{it} 表示金融危机，为金融危机发生与否的二元选择变量，控制变量 $\sum_{i=1}^{n} X_{it}$ 为影响经济增长的其他因素，其中：Gov_{it} 为财政政策指标，GDP_{it} 表示经济增长，Em_{it} 为就业率。υ_{it} 表示截面虚拟变量；η_{it} 表示时间虚拟变量；ε_{it} 为随机干扰项。

基于以上 3 个静态模型的动态模型如下：

$$GDP_{it} = \alpha_i + \sum_{i=1}^{n} \varphi_i GDPm_{i,t-i} + \sum_{i=0}^{n} \beta_i M_{i,t-i} + \sum_{i=0}^{n} \vartheta_i FR_{i,t-i} \times M_{i,t-i} + \sum_{i=0}^{n} X_{i,t-i} + \xi_{it}$$
$$\xi_{it} = \upsilon_{it} + \eta_{it} + \varepsilon_{it} \tag{5-4}$$

式（5-4）中，GDP_{it} 表示经济增长，是被解释变量；α_i 为截距项，$\sum_{i=1}^{n} GDP_{i,t-i}$ 为经济增长的滞后值，$\sum_{i=0}^{n} M_{i,t-i}$ 为危机救助货币政策指标的当期及滞后值，$\sum_{i=0}^{n} FR_{i,t-i} \times M_{i,t-i}$ 为危机救助货币政策指标与危机变量的交叉项的当期及滞后项，FR_{it} 表示金融危机，为金融危机发生与否的二元选择变量，控制变量 $\sum_{i=1}^{n} X_{it}$ 为影响经济增长的其他因素，其中：$\sum_{i=0}^{n} Gov_{i,t-i}$ 为财政政策指标的当期及滞后值，$\sum_{i=0}^{n} Inf_{i,t-i}$ 为通货膨胀指标的当期及滞后值，$\sum_{i=0}^{n} Em_{i,t-i}$ 为就业率的当期及滞后值。υ_{it} 表示截面虚拟变量；η_{it} 表示时间虚拟变量；ε_{it} 为随机干扰项。

$$Em_{it} = \alpha_i + \sum_{i=1}^{n} \varphi_i Em_{i,t-i} + \sum_{i=0}^{n} \beta_i M_{i,t-i} + \sum_{i=0}^{n} \vartheta_i FR_{i,t-i} \times M_{i,t-i} + \sum_{i=0}^{n} X_{i,t-i} + \xi_{it}$$
$$\xi_{it} = \upsilon_{it} + \eta_{it} + \varepsilon_{it} \tag{5-5}$$

式（5-5）中，Em_{it} 为就业率，是被解释变量；α_i 为截距项，$\sum_{i=0}^{n} Em_{i,t-i}$ 为就业率的滞后项，$\sum_{i=0}^{n} M_{i,t-i}$ 为危机救助货币政策指标的当期及滞后值，$\sum_{i=0}^{n} FR_{i,t-i} \times M_{i,t-i}$ 为危机救助货币政策指标与危机变量的交叉项的当期及滞后项，FR_{it} 表示金融危机，为金融危机发生与否的二元选择变量，控制变量 $\sum_{i=1}^{n} X_{it}$ 为影响经济增长的其他因素，其中：$\sum_{i=0}^{n} Gov_{i,t-i}$ 为财政政策指标的当期及滞后值，$\sum_{i=0}^{n} Inf_{i,t-i}$ 为通货膨胀指标的当期及滞后值，$\sum_{i=1}^{n} GDP_{i,t-i}$ 为 GDP 的当期及滞后值。υ_{it} 表示截面虚拟变量；η_{it} 表示时间虚拟变量；ε_{it} 为随机干扰项。

$$Inf_{it} = \alpha_i + \sum_{i=1}^{n} \varphi_i Inf_{i,t-i} + \sum_{i=0}^{n} \beta_i M_{i,t-i} + \sum_{i=0}^{n} \vartheta_i FR_{i,t-i} \times M_{i,t-i} + \sum_{i=0}^{n} X_{i,t-i} + \xi_{it}$$
$$\xi_{it} = \upsilon_{it} + \eta_{it} + \varepsilon_{it} \tag{5-6}$$

式（5-6）中，Inf_{it} 表示通货膨胀，是被解释变量；α_i 为截距项，$\sum_{i=0}^{n} Inf_{i,t-i}$ 为通货膨胀的滞后值，$\sum_{i=0}^{n} M_{i,t-i}$ 为危机救助货币政策指标的当期及

滞后值，$\sum_{i=0}^{n} FR_{i,t-i} \times M_{i,t-i}$ 为危机救助货币政策指标与危机变量的交叉项的当期及滞后项，FR_{it} 表示金融危机，为金融危机发生与否的二元选择变量，控制变量 $\sum_{i=1}^{n} X_{it}$ 为影响经济增长的其他因素，其中：$\sum_{i=0}^{n} Gov_{i,t-i}$ 为财政政策指标的当期及滞后值，$\sum_{i=0}^{n} En_{i,t-i}$ 为就业率的当期及滞后值，$\sum_{i=1}^{n} GDP_{i,t-i}$ 为 GDP 的当期及滞后值。υ_{it} 表示截面虚拟变量；η_{it} 表示时间虚拟变量；ε_{it} 为随机干扰项。

此外，金融危机指标的确定方法为：

$$FR_{it} = \begin{cases} 1 & \text{金融危机在 } i \text{ 国 } t \text{ 年发生} \\ 0 & \text{金融危机在 } i \text{ 国 } t \text{ 年未发生} \end{cases} \tag{5-7}$$

5.2 数据和变量选择

5.2.1 数据

本书考察 1992—2012 年国际金融危机发生的主要国家和地区数据。为了系统展现各国危机救助货币政策的动态变化，本书使用 IMF 专家 Luc Laeven 和 Fabián Valencia（2012）的全球银行危机数据库统计的相关数据（见表5-1）。

表 5-1　　　　　　　　1990—2012 年全球金融危机一览

国　家	危机持续期（年）	产出损失	国　家	危机持续期（年）	产出损失
阿尔巴尼亚	1994—1994		几内亚	1993—1993	0
阿尔及利亚	1990—1994	41%	几内亚比绍	1995—1998	30%
阿根廷	1989—1991	13%	圭亚那	1993—1993	0
	1995—1995	0	海地	1994—1998	38%
	2001—2003	71%	匈牙利	1991—1995	0
亚美尼亚	1994—1994			2008—	42%
奥地利	2008—	17%	印度	1993—1993	0
阿塞拜疆	1995—1995		巴拉圭	1995—1995	15%
白俄罗斯	1995—1995		冰岛	2008—	42%

续　表

国　家	危机持续期（年）	产出损失	国　家	危机持续期（年）	产出损失
比利时	2008—	23%	印尼	1997—2001	69%
贝宁	1988—1992	15%	爱尔兰	2008—	110%
玻利维亚	1994—1994	0	牙买加	1996—1998	38%
波斯尼亚	1992—1996		马里	1987—1991	0
巴西	1990—1994	62%	泰国	1997—2000	109%
	1994—1998	0	墨西哥	1994—1996	14%
保加利亚	1996—1997	60%	多哥	1993—1994	39%
巴布亚新几内亚	1990—1994		蒙古	2008—	0
布隆迪	1994—1998	121%	突尼斯	1991—1991	1%
喀麦隆	1987—1991	106%	摩洛哥	1980—1984	22%
	1995—1997	8%	土耳其	2000—2001	37%
佛得角	1993—1993	0	莫桑比克	1987—1991	0
中非共和国	1995—1996	9%	乌干达	1994—1994	0
乍得	1992—1996	0	荷兰	2008—	25%
中国	1998—1998	19%	乌克兰	1998—1999	0
哥伦比亚	1998—2000	43%		2008—	5%
刚果（金）	1983—1983	1%	尼加拉瓜	1990—1993	11%
	1991—1994	130%		2000—2001	0
	1994—1998	79%	英国	2007—	24%
刚果	1992—1994	47%	美国	2007—	25%
哥斯达黎加	1987—1991	0	尼日利亚	1991—1995	0
	1994—1995	0	挪威	1991—1993	5%
科特迪瓦	1988—1992	45%	乌拉圭	2002—2005	27%
克罗地亚	1998—1999		委内瑞拉	1994—1998	1%
捷克	1996—2000		越南	1997—1997	0
丹麦	2008—	36%	菲律宾	1983—1986	92%
多米尼加	2003—2004			1997—2001	0

国　家	危机持续期（年）	产出损失	国　家	危机持续期（年）	产出损失
厄瓜多尔	1998—2002	25％	也门	1996—1996	16％
萨尔瓦多	1989—1990	0	赞比亚	1995—1998	31％
厄立特里亚	1993—1993		波兰	1992—1994	0
	1992—1994		韩国	1997—1998	58％
芬兰	1991—1995	70％	津巴布韦	1995—1999	10％
法国	2008—	21％	日本	1997—2001	45％
格鲁吉亚	1991—1995		葡萄牙	2008—	37％
德国	2008—	19％	约旦	1989—1991	106％
希腊	2008—	29％	罗马尼亚	1990—1992	0
马来西亚	1997—1999	31％	哈萨克斯坦	2008—	0
西班牙	2008—	39％	俄罗斯	1998—1998	
瑞典	1991—1994	33％		2008—	0
	2008—	31％	马其顿	1993—1995	0
吉布提	1991—1995	43％	圣多美岛	1992—1992	1.9％
爱沙尼亚	1992—1994		塞内加尔	1988—1991	5.6％
意大利	2008—	32％	塞拉利昂	1990—1994	34.5％
肯尼亚	1992—1994	50％	斯洛伐克	1998—2002	0
吉尔吉斯	1995—1999		斯洛文尼亚	2008	38.0％
拉脱维亚	1995—1996		斯里兰卡	1989—1991	19.6％
	2008	106％	斯威士兰	1995—1999	45.7％
利比里亚	1991—1995		瑞士	2008—	0
立陶宛	1995—1996		黎巴嫩	1990—1993	102％
卢森堡	2008—	36％			

资料来源：Luc Laeven 和 Fabián Valencia（2012）的全球银行危机数据库。

　　由于大多数国家金融危机的发生不是突发性的，因此，判断金融危机的准确发生时间和持续时间比较困难。Becketal（2006）认为，许多变量的发生

变化往往是在金融危机持续一段时间之后。因此，他将金融危机描述为一个时间段，并将具有显著危机特征的变量加以考察。遗憾的是，Luc Laeven 和 Fabián Valencia 所编制的金融危机数据库中大部分国家相关数据缺失。此外，与金融危机时间段相对应的各国宏观经济指标也缺失严重，经筛选后只有 25 个国家的数据除个别年份数据缺失外，基本可用。

5.2.2　变量选择

货币供应量（M2）。采用世界银行 1992—2012 年各国货币供应量数据。考虑到时间因素，直接采用了货币供应量增长率数据序列作为原始数据，并对此序列做了进一步处理，将数据序列中具有稳定趋势的部分剔除，仅保留了异常值，为的是衡量非常规货币政策。

利率水平（Rate）。采用世界银行 1992—2012 年各国贷款利率数据。为得到非常规货币政策数据，对此数据序列也做了和货币供应量（M2）类似的处理。

经济总量（GDP）。采用世界银行 1992—2012 年各国经济增长率数据，用以表示经济产出。

政府支出（Gov）。采用世界银行 1992—2012 年各国财政支出占 GDP 比重数据。其中，欧盟各国自 2002 年后，采用了统一的支出比重。

通货膨胀（Inf）。采用世界银行 1992—2012 年各国 CPI 变动率数据。

就业率（Em）。采用世界银行 1992—2012 年各国就业率变动数据。用来表示危机对就业的影响。

金融危机（FR）。采用 IMF 专家 Luc Laeven 和 Fabián Valencia（2012）的全球银行危机数据库统计的相关数据。研究中的金融危机变量为二元选择变量，如果观察到金融危机发生，则令变量赋值为 1，否则赋值为 0。

各变量的描述性统计情况见表 5-2。

表 5-2　　　　　　　　　各变量描述性统计

变量简称	变量解释	观察值	平均值	标准差	最小值	最大值
GDP_{it}	国内生产总值增长率	525	3.196899	3.623627	-13.127	14.781
Inf_{it}	通货膨胀率	525	14.26156	131.0422	-1.4	2075.827

变量简称	变量解释	观察值	平均值	标准差	最小值	最大值
$Unem_{it}$	失业率	525	8.001718	5.235222	0.658	29.496
Em_{it}	就业率	525	91.99828	5.235222	70.504	99.342
Gov_{it}	政府财政投入	525	38.05147	15.07858	9.523	147.47
$Rate_{it}$	利率	525	6.939285	10.70826	−24.60022	86.36333
$M2_{it}$	货币供应量	525	22.22208	168.7101	−99.97849	3280.617
FR_{it}	金融危机	525	0.207619	0.4059893	0	1

5.3　实证检验与结果分析

5.3.1　实证方法

本章首先根据设定的计量模型进行静态面板数据分析，确定固定效应或随机效应；其次，进行异方差检验、序列相关检验和截面相关检验。若上述检验确定模型存在异方差、序列相关和截面相关，则考虑应用稳健型估计、Bootstrap 标准误估计、广义二乘估计等估计方法进行处理，以获取理想的估计结果[①]。

危机救助货币政策及相对应的宏观经济变量产生的效应具有滞后性，只采用静态面板方法估计的结果可能有偏差。因此，为了全面考察变量的动态特征，本章还将采用动态面板方法来克服该问题。

动态面板数据模型的估计方法主要采用工具变量法（IV 方法）和广义矩估计方法（GMM 方法）。其中，GMM 估计方法应用较为普遍。GMM 估计方法分为差分 GMM 估计方法和系统 GMM 估计方法。二者的区别是差分 GMM 估计方法仅将差分项作为工具变量，而系统 GMM 估计方法则将水平项和差分项同时作为工具变量，系统 GMM 估计方法由于加入了更多的工具变量，包含了更多的信息，在一般情况下比差分 GMM 估计方法更有效。当然，两种

---

① 赵三英，刘波. 宏观税负、薪资水平与民间投资的关系——基于中国省级面板数据的分析 [J]. 财贸经济，2011（10）：122.

估计方法究竟哪个更为有效，取决于实际模型对水平项工具变量是否显著。

为验证工具变量的有效与否，根据 Arellano 和 Bover（1995）及 Blundell 和 Bond（1998）的建议进行了 Sargan 检验。此外，在估计中还考察了残差序列相关型，并给出其检验值。

差分 GMM 估计方法和系统 GMM 估计方法均可进行一步法（one - step）和两步法（two - step）估计。在存在异方差的情况下，一步法倾向于过度拒绝工具变量的有效性，但两步法可能使 t 值产生向下偏离，低估真实 t 值（Arellano，Bond，1991）。因此，Windmeijer（2005）建议采用两步稳健型估计[①]。

5.3.2 结果分析

在实证分析过程中，首先对各变量的相关性进行了检验（见表 5 - 3），之后分别对 3 个模型采用 hausman 检验来判定是采用固定效应模型还是随机效应模型。此外，为避免面板数据可能存在的异方差、截面相关和序列相关等问题可能导致的估计偏误，采用了稳健性估计方法进行估计（结果见表 5 - 4、表 5 - 6、表 5 - 8）。本书所使用的计量软件为 stata12。实证结果比较好地揭示了危机救助货币政策变量和各指标之间的关系。

表 5 - 3　　　　　　　　　各变量相关性检验

	GDP_{it}	Inf_{it}	$Unem_{it}$	Gov_{it}	$Rate_{it}$	$M2_{it}$	FR_{it}	Em_{it}
GDP_{it}	1.0000							
Inf_{it}	0.0144	1.0000						
$Unem_{it}$	0.2350*	−0.0329	1.0000					
Gov_{it}	−0.4115*	0.2802*	0.0877*	1.0000				
$Rate_{it}$	−0.0431	0.5236*	0.0877*	0.1462*	1.0000			
$M2_{it}$	0.0238	0.8874*	−0.0361	0.1673*	0.4982*	1.0000		
FR_{it}	−0.4241*	0.1492*	0.0505	0.2081*	0.1045*	0.1288*	1.0000	
Em_{it}	0.2350*	0.0329	−0.9800*	−0.2824*	−0.0877*	0.0361	−0.0505	1.0000

注：* 表示 10% 水平下显著。

---

① 赵三英，刘波. 宏观税负、薪资水平与民间投资的关系——基于中国省级面板数据的分析 [J]. 财贸经济，2011（10）：122 - 123.

1. 危机救助货币政策的增长效应估计结果

(1) 静态面板估计结果

表5-4报告了危机救助货币政策的经济增长效应的静态面板数据估计结果。首先，对危机救助货币政策变量和GDP间的关系，用面板模型进行了固定效应和随机效应回归（见表5-4 (1)），以便得到更为精确的估计系数。若hausman检验拒绝原假设，则变量间存在固定效应。此外还需考虑的是，因面板数据既具有数据截面的特征，又具有时间序列的特征。为此，面板数据中会存在异方差和序列相关的问题，必须考量其截面相关性。针对以上问题，普通的OLS回归会存在较大偏误，为此需要用其他更合理的估计方法。在参数估计中，分别在随机效应下进行了Sargan检验，再根据Arellano和Bond (1991) 的方法进行了序列相关检验。对表5-4中 (1) 和 (2) 的相关检验均高度拒绝相关假设，表明变量之间存在异方差和序列相关。在确定了被解释变量和解释变量间存在随机效应之后，分别用异方差稳健性估计、Bootstrap标准差（50次抽样）估计以及两阶段估计[①]。见表5-4中 (3) ～ (5)。

估计结果显示，危机救助货币政策变量对GDP具有显著的影响。估计结果显示，表5-4中 (1) ～ (3) 的估计系数均高度一致。(5) 的估计结果根据 (1) 判断，系数偏小，也被拒绝。所以，模型 (3) 是最可靠的回归结果，即危机救助货币政策变量和GDP的影响系数应为0.0403，表明货币供应量每增加1%，GDP将平均增加0.04%，危机救助货币政策变量和GDP之间存在显著的正相关关系。这一结果与Friedman (1956) 等指出货币供应量的变化能够在短期内对实际经济产生的影响较大，货币供应量的变动能最真实地反映出货币政策的有效性以及Krugman (1999) 认为增加货币供给是经济增长的促动因素，为此宽松的货币政策是危机救助的有效措施等结论是一致的，实证结果证实了他们的观点。货币政策的有效性，可能正如Mishkin (2009) 所说，通过积极宽松的货币政策可以抵消金融危机对总体经济活动的负面效应，有利于促进经济的复苏。

从金融危机变量及交叉项的估计结果来看，其对GDP的负面影响是非常

---

① 赵三英，刘波. 宏观税负、薪资水平与民间投资的关系——基于中国省级面板数据的分析 [J]. 财贸经济，2011 (10)：122.

显著的，其系数分别为－2.218和－0.041，金融危机变量及交叉项和GDP之间存在显著的负相关关系。

表5－4 危机救助货币政策增长效应的静态面板估计结果

变量	(1) 固定效应	(2) 混合效应	(3) 稳健性估计	(4) 自抽样（50次）	(5) 两阶段估计
$M2_{it}$	0.0403*** (3.71)	0.0531*** (4.94)	0.0403* (2.41)	0.0403 (1.94)	0.0218 (1.79)
Inf_{it}	0.0028 (1.29)	0.0055** (2.85)	0.0028* (2.20)	0.0028 (0.05)	0.0025 (1.01)
Em_{it}	0.1563*** (4.11)	0.1166*** (3.90)	0.1563* (2.25)	0.1563* (2.03)	0.1721*** (3.86)
Gov_{it}	－0.0233 (－1.15)	－0.0617*** (－4.92)	－0.0233 (－1.27)	－0.0233 (－0.74)	－0.0353 (－1.32)
FR_{it}	－2.2181*** (－7.46)	－2.1097*** (－6.98)	－2.2181*** (－5.77)	－2.2181*** (－4.16)	－2.2676*** (－6.65)
$M2_{it} \times FR_{it}$	－0.410*** (－3.75)	－0.0550*** (－5.10)	－0.0410* (－2.46)	－0.0410 (－0.95)	－0.0215 (－1.76)
年度虚拟变量	略	略	略	略	略
截距项	－9.1726* (－2.49)	－4.2396 (－1.45)	－9.1726 (－1.39)	－9.1726 (－1.23)	－10.343** (－2.77)
样本数	525	525	525	525	500
调整后R^2	0.6468	0.6410	0.6468	0.6468	0.6326
hausman检验	34.45（$P=0$）				
异方差检验	850.50（$P=0$）				
序列相关检验	21.309（$P=0$）				
截面相关检验	1.154（$P=0.25$）				

注：＊＊＊表示1%水平下显著；＊＊表示5%水平下显著；＊表示10%水平下显著。

（2）动态面板估计结果

当期 GDP 是前期 GDP 加调整系数与前期 GDP 的乘积而得来的。因宏观经济具有一动态特征，在回归方程中引入了 GDP 的滞后项，而引入滞后项会出现变量的内生性问题（回归残差与一个或多个解释变量相关），使用 GMM 估计方法会有效解决该问题。

从表 5-5 差分 GMM 和系统 GMM 方法估计结果中可得出如下结论。

第一，差分 GMM 的估计结果显示 GDP 的滞后项对 GDP 影响显著。（见（1）～（3））。在引入滞后项的情况下，一步差分 GMM 估计结果显示货币供应量滞后项在 5% 水平下对 GDP 具有显著影响（见（1）），而两步差分 GMM 估计结果不显著（见（3））。稳健性差分 GMM 估计结果显示，货币供应量滞后项在 5% 水平下对 GDP 具有显著影响（见（2）），金融危机变量也具有高度的显著性。一般来说，一步差分 GMM 估计高估了参数系数显著性，而两步差分 GMM 估计低估了参数系数的显著性，而稳健性差分 GMM 估计结果最为准确。回归结果显示，当期的危机救助货币供应量对 GDP 具有显著影响。

第二，系统 GMM 的估计结果见（（4）～（5）），显示了危机救助货币供应量的当期值及滞后项对 GDP 影响显著。在一步系统 GMM 估计下，危机救助货币供应量的当期值及其滞后项在 1% 水平下显著。稳健性系统 GMM 估计结果也显示，危机救助货币供应量的当期值在 1% 水平下显著，系数为 0.0438，表明危机救助货币供应量每增加 1%，GDP 将平均上升 0.04%；危机救助货币供应量的滞后值在 10% 水平下显著，系数为 0.0407，表明上期危机救助货币供应量每增加 1%，GDP 将平均上升 0.04%。两步系统 GMM 估计下变量不显著。一般对参数系数的显著性而言，一步系统 GMM 估计高估了其显著性，而两步系统 GMM 估计低估了其显著性。其中，稳健性系统 GMM 估计结果最为准确[①]（见（5）），回归结果显示，货币供应量当期值及其滞后项对 GDP 影响显著。

第三，在差分 GMM 估计和系统 GMM 估计二者的选择中，若被解释变量的滞后项系数大于 0.90，则采用系统 GMM 方法估计得到的系数更接近

---

① 赵三英，刘波．宏观税负、薪资水平与民间投资的关系——基于中国省级面板数据的分析 [J]．财贸经济，2011（10）：125.

真实值。本章采用系统 GMM 方法估计得到的系数为 0.1883。因此，稳健性差分 GMM 估计（2）的估计结果应该最为准确。稳健性差分 GMM 估计结果显示，在动态情形下，金融危机货币供应量对当期 GDP 的影响显著，但滞后一期的货币供应量对 GDP 的影响并不显著，这说明危机救助货币政策具有很强的时效性。这一结果与 Friedman（1956）等提出因价格粘性，货币供应量的变化能够在短期内对实际经济产生的影响较大的结论一致。

表5-5 危机救助货币政策增长效应的动态面板估计结果

变量	(1) 差分 GMM (一阶段)	(2) 差分 GMM (稳健性)	(3) 差分 GMM (两阶段)	(4) 系统 GMM (一阶段)	(5) 系统 GMM (稳健性)	(6) 系统 GMM (两阶段)
$GDP_{i,t-1}$	0.0443* (2.02)	0.0443* (1.98)	0.6585 (0.34)	0.1883*** (5.22)	0.1883*** (2.57)	0.0261 (0.43)
$M2_{it}$	0.0351*** (2.81)	0.0351*** (2.25)	−0.1132 (−0.35)	0.0438*** (4.01)	0.0438*** (2.68)	0.0231 (0.08)
$M2_{i,t-1}$	0.0362*** (3.14)	0.0362 (1.50)	−0.1767 (−0.86)	0.0407*** (4.02)	0.0407* (2.01)	−0.05427 (−1.08)
Inf_{it}	−0.0945*** (−3.94)	−0.0945** (−1.67)	−0.3226 (−0.88)	−0.0916*** (−4.97)	−0.0916* (−1.97)	−1.3046 (−1.07)
$Inf_{i,t-1}$	−0.0494*** (−5.16)	−0.0494*** (−2.81)	−0.0745 (−0.49)	−0.0495*** (−6.76)	−0.0495*** (−3.62)	−0.5427 (−0.84)
Em_{it}	0.8843*** (9.13)	0.8843*** (4.10)	−0.0401 (−0.03)	0.7884*** (9.38)	0.7884*** (3.70)	6.4860* (2.57)
$Em_{i,t-1}$	−0.9231*** (−9.90)	−0.9231*** (−4.92)	−0.0361 (−0.05)	−0.7821*** (−9.44)	−0.7821*** (−3.78)	−6.2286*** (−2.61)
Gov_{it}	−0.1946*** (−3.82)	−0.1946*** (−3.10)	0.8622 (0.80)	−0.2319*** (−5.51)	−0.2319*** (−3.23)	−1.6952 (−0.62)

续　表

变量	(1) 差分 GMM (一阶段)	(2) 差分 GMM (稳健性)	(3) 差分 GMM (两阶段)	(4) 系统 GMM (一阶段)	(5) 系统 GMM (稳健性)	(6) 系统 GMM (两阶段)
$Gov_{i,t-1}$	0.1714*** (3.71)	0.1714*** (2.22)	−0.3290 (−0.45)	0.1628*** (3.89)	0.1628** (2.25)	1.3560 (0.54)
$M2_{it} \times FR_{it}$	−0.0053 (−0.39)	−0.0053 (−0.27)	0.2169 (0.50)	−0.0153 (−1.33)	−0.0153 (−0.87)	0.3726 (0.69)
$M2_{i,t-1} \times FR_{i,t-1}$	0.0477*** (2.59)	0.0477 (1.40)	0.3682 (0.87)	0.0427*** (2.91)	0.0427 (1.59)	1.3722 (1.42)
FR_{it}	−1.9043*** (−5.45)	−1.9043*** (−3.84)	−33.3221 (−0.96)	−1.1817*** (−3.82)	−1.1817** (−2.43)	25.7550 (0.66)
年度虚拟变量	略	略	略	略	略	略
截距项	9.6669** (2.12)	9.6669 (1.41)	0	6.3681*** (3.21)	6.3681*** (1.71)	0
样本数	475	475	475	500	500	500
Sargan 检验	284.374			36.809	36.809	36.809
Sargan P 值	0			0.347	0.347	0.347
AR(2)P 值		0.9808			0.826	0.812

注：***表示 1%水平下显著；**表示 5%水平下显著；*表示 10%水平下显著。

2. 危机救助货币政策的就业效应估计结果

(1) 静态面板估计结果

表 5-6 报告了危机救助货币政策就业效应的静态面板数据估计结果。首先对危机救助货币政策变量和就业率间的关系，用面板模型进行固定效应和随机效应回归（（1）和（2）），hausman 检验接受原假设，表明变量间存在随机效应，应该采用随机效应模型进行回归分析。此外，还需考虑的是，异方差、序列相关以及截面相关。在参数估计中，分别在随机效应模型下进行了 Sargan 检验，再根据 Arellano and Bond（1991）的方法进行了序列相关检验。对（1）和（2）的相关检验均高度拒绝相关假设，表明变量之间存在异方差和序列相关。

在确定了被解释变量和解释变量间存在随机效应之后，分别用异方差稳健性估计、Bootstrap 标准差（50 次抽样）估计以及两阶段估计进行回归分析（见（2）～（4））。

估计结果显示，危机救助货币政策变量对就业率影响的显著性并不一致。估计结果显示，虽然（1）～（3）的估计系数均高度一致，但（3）的系数并不显著。（2）和（3）的估计结果显示危机救助货币政策对就业率的影响并不显著，而两阶段估计在 5% 水平上显示解释变量对就业率的显著性。综合考虑，危机救助货币政策变量对就业率的影响不显著，表明危机救助货币政策对促进就业的作用不明显。

从金融危机变量的估计结果来看，金融危机及其与危机救助货币政策的交叉项与就业率之间的关系并不显著，表明金融危机对就业率的影响并不是直接的，可能存在一定的时滞。

表 5-6　　　　危机救助货币政策就业效应的静态面板估计结果

变量	(1) 随机效应	(2) 稳健性估计	(3) 自抽样（50）次	(4) 两阶段估计
$M2_{it}$	0.0722**	0.0722	0.0722	0.0357**
	(2.82)	(1.13)	(1.26)	(2.70)
GDP_{it}	−0.1578***	−0.1578***	−0.1578*	−0.0729***
	(−3.41)	(−2.58)	(−2.35)	(−4.16)

变量	(1) 随机效应	(2) 稳健性估计	(3) 自抽样（50）次	(4) 两阶段估计
Gov_{it}	0.0739*** (3.39)	0.0739 (1.43)	0.0739 (1.17)	0.0553** (2.78)
Inf_{it}	−0.0076** (−2.95)	−0.0076* (−2.33)	−0.0076 (−0.18)	−0.0043** (−2.82)
FR_{it}	0.0216 (0.06)	0.0216 (0.05)	0.0216 (0.04)	0.0873 (0.39)
$M2_{it} \times FR_{it}$	0.0017 (1.00)	0.0017 (0.91)	0.0017 (0.05)	0.0013 (1.82)
年度虚拟变量	略	略	略	略
截距项	5.2730* (4.73)	5.2730* (2.29)	5.2730* (1.96)	5.7018*** (5.14)
样本数	525	525	525	525
调整后 R^2	0.7772	0.7772	0.7772	0.7708
hausman 检验	0.08（$P=0$)			
异方差检验				
序列相关检验	57.53（$P=0$)			
截面相关检验	6.020（$P=0$)			

注：＊＊＊表示 1%水平下显著；＊＊表示 5%水平下显著；＊表示 10%水平下显著。

（2）动态面板估计结果

当期就业率是前期就业率加调整系数与前期值的乘积得来，就业率具有的持续性，需要在回归方程中引入就业率的滞后项，使用了 GMM 估计方法，可以有效解决变量因引入滞后项而产生的内生性问题。

从表 5-7 差分 GMM 和系统 GMM 方法估计结果中可以得出如下结论。

第一，差分 GMM 的估计结果显示就业率的滞后项对当期就业率影响显著。其中，滞后一期就业率与当期值呈正相关关系，表明了就业率本身的动态调整过程（见（1）～（3））。在引入滞后项的情况下，一步差分 GMM 估

计结果显示危机救助货币供应量当期值在 1% 水平下对就业率存在显著影响，滞后一期的货币供应量对就业率的影响不显著（见（1）），两步差分 GMM 估计结果显示货币供应量在 1% 水平下对就业率有显著影响，而滞后项对其影响并不显著（见（3）），稳健性差分 GMM 估计结果显示的结果与一步差分情况一致（见（2））。一般来说，两步稳健性差分 GMM 估计结果最为准确。回归结果显示，滞后一期的货币供应量对就业率具有显著影响，货币供应量每增加 1%，就业率会下降 0.05%。

第二，系统 GMM 的估计结果也显示危机救助货币供给量的当期值及滞后一期对就业率存在显著影响。（见（4）～（6））。在一步系统 GMM 估计下，货币供给量的当期值及滞后一期均在 1% 水平下显著。稳健性系统 GMM 估计也显示同样的结果。通常对参数系数的显著性而言，两步系统 GMM 估计低估了其显著性，而一步系统 GMM 估计高估了其显著性。其中，稳健性系统 GMM 估计结果最为准确（见（5）），回归结果显示，货币供给量对就业率影响显著，当期危机救助货币供应量每增加 1%，就业率会上升 0.04%，滞后一期危机救助货币供应量每增加 1%，则就业率会下降 0.03%。

第三，在差分 GMM 估计和系统 GMM 估计的取舍中，因本书中采用系统 GMM 方法估计得到的系数为 0.96，采用系统 GMM 估计效果比较好。因此，稳健性系统 GMM 估计（5）的估计结果应该最为准确。结果表明，当期危机救助货币供应量和滞后一期对当期就业率具有重要影响。

表 5 - 7　危机救助货币政策就业效应的动态面板估计结果

变量	(1) 差分 GMM (一阶段)	(2) 差分 GMM (稳健性)	(3) 差分 GMM (两阶段)	(4) 系统 GMM (一阶段)	(5) 系统 GMM (稳健性)	(6) 系统 GMM (两阶段)
$Em_{i,t-1}$	0.9222***	0.9222***	0.8765***	0.9607***	0.9607***	0.9273***
	(51.18)	(54.89)	(10.11)	(103.95)	(53.61)	(6.69)
$M2_{it}$	0.0525***	0.0525***	0.0393***	0.0406***	0.0406***	0.0419***
	(4.98)	(4.79)	(3.42)	(4.74)	(3.74)	(5.16)
$M2_{i,t-1}$	-0.0179*	-0.0179	-0.0108	-0.0339***	-0.0339***	-0.0366**
	(-1.75)	(-0.92)	(-0.75)	(-4.06)	(-2.79)	(-2.31)
GDP_{it}	0.2159***	0.2159***	0.1849***	0.1750***	0.1750***	0.1815***
	(13.11)	(7.41)	(6.16)	(12.55)	(5.74)	(4.36)
$GDP_{i,t-1}$	0.0903***	0.0903***	0.0836***	0.0695***	0.0695**	0.0852***
	(5.96)	(3.45)	(4.08)	(4.60)	(2.21)	(4.79)
Inf_{it}	-0.0182**	-0.0182*	-0.0393**	-0.0221***	-0.0221*	-0.0206
	(-2.03)	(-1.84)	(-2.04)	(-3.37)	(-1.82)	(-1.44)
Inf_{it-1}	-0.0074**	-0.0074*	-0.0157	-0.0101***	-0.0101**	-0.0080
	(-2.01)	(-1.72)	(-1.39)	(-3.70)	(-2.56)	(-0.99)
Gov_{it}	-0.0307	-0.0307	-0.0334	-0.0143	-0.0143	0.0078
	(-1.45)	(-0.78)	(-0.61)	(-0.84)	(-0.52)	(0.10)

续　表

变量	(1) 差分 GMM (一阶段)	(2) 差分 GMM (稳健性)	(3) 差分 GMM (两阶段)	(4) 系统 GMM (一阶段)	(5) 系统 GMM (稳健性)	(6) 系统 GMM (两阶段)
Gov_{it-1}	0.0062 (0.31)	0.0062 (0.20)	0.0094 (0.13)	0.0268 (1.62)	0.0268 (0.93)	0.0073 (0.10)
$M2_{it} \times FR_{it}$	0.0064** (2.31)	0.0064** (2.14)	0.0125** (2.02)	0.0077*** (3.83)	0.0077*** (2.11)	0.0070* (1.66)
$M2_{i,t-1} \times FR_{i,t-1}$	0.0155** (2.28)	0.0155** (2.16)	0.0317* (1.95)	0.0178*** (3.62)	0.0178** (2.16)	0.0154 (1.23)
FR_{it}	-0.1531 (-1.10)	-0.1531 (-0.53)	0.0768 (0.16)	-0.3577*** (-3.14)	-0.3577* (-1.73)	-0.1082 (-0.43)
年度虚拟变量	略	略	略	略	略	略
截距项	7.4594*** (4.28)	7.4594*** (3.97)	0	2.5933*** (2.85)	2.5933 (1.43)	5.4032 (0.40)
样本数	450	450	450	475	475	475
Sargan 检验	31.74		5.653	50.65	50.65	50.65
Sargan P 值	0.189		1.000	0.263	0.263	0.263
AR(2)P 值		0.946	0.622	0.760	0.760	0.770

注：*** 表示 1% 水平下显著；** 表示 5% 水平下显著；* 表示 10% 水平下显著。

3. 危机救助货币政策的通胀效应估计结果

(1) 静态面板估计结果

表5-8报告了危机救助货币政策的通胀效应的静态面板数据估计结果。hausman检验结果表明变量间存在固定效应，因此采用固定效应模型。在固定效应模型中分别进行Sargan检验、序列相关检验和截面相关检验，表明变量之间存在异方差、序列相关和截面相关。再分别用异方差稳健性估计、Bootstrap标准误（50次抽样）估计以及两阶段估计，见（2）～（4）。

估计结果显示，危机救助货币政策变量对通货膨胀具有显著的影响。估计结果显示，（1）、（2）和（3）的估计系数均高度一致。（2）和（3）的估计结果不显著。综合考虑，危机救助货币政策变量和通货膨胀的影响系数应为1.88，表明货币供应量每增加1%，通货膨胀率将平均上升1.88%，危机救助货币政策变量和通货膨胀率之间存在显著的正相关关系。这一结果与Friedman和Schwartz（1963）认为货币供应量的变动是通货膨胀以及经济波动的决定因素，货币供应量的变化将最终体现在物价的变化上的观点是相一致的，也与Mccandless和Weber（1995）对110个国家的数据的实证研究结果相吻合，即货币供应量和通货膨胀存在强相关性。在长期中，货币供给量的增加与通货膨胀相关。显然，货币供应量的变化最终会引起物价的相应变动。

表5-8　　　　　　危机救助货币政策通胀效应的静态面板估计结果

变量	（1）固定效应	（2）稳健性估计	（3）自抽样（50）次	（4）两阶段估计
$M2_{it}$	1.7839*** (4.00)	1.7839 (1.72)	1.7839 (1.62)	1.8800*** (3.97)
GDP_{it}	1.9705* (2.52)	1.9705 (1.63)	1.9705 (1.43)	1.9879** (2.61)
Em_{it}	2.1024** (2.78)	2.1024 (1.12)	2.1024 (0.79)	2.5329** (3.04)
Gov_{it}	5.5989*** (17.79)	5.5989 (1.56)	5.5989 (1.48)	7.5721*** (21.59)

变量	(1) 固定效应	(2) 稳健性估计	(3) 自抽样（50）次	(4) 两阶段估计
FR_{it}	-6.1111 (-1.04)	-6.1111 (-1.13)	-6.1111 (-0.95)	-10.8269 (-1.74)
$M2_{it} \times FR_{it}$	0.5602^{***} (36.92)	0.5602^{***} (9.27)	0.5602^{***} (6.88)	0.4919^{***} (28.53)
截距项	$-4.2e+02^{***}$ (-5.84)	$-4.2e+02$ (-1.57)	$-4.2e+02$ (-1.19)	$-5.3e+02^{***}$ (-7.95)
样本数	525	525	525	500
调整后 R^2	0.861	0.809	0.861	0.841
hausman 检验	255.36 $(P=0)$			
异方差检验	1.9e+05 $(P=0)$			
序列相关检验	48.51 $(P=0)$			
截面相关检验	6.874 $(P=0)$			

注：＊＊＊表示1％水平下显著；＊＊表示5％水平下显著；＊表示10％水平下显著。

（2）动态分析结果

因通货膨胀具有持续性，需要在回归方程中引入其的滞后项，但引入滞后项后会出现变量的内生性问题（回归残差与一个或多个解释变量相关），而使用 GMM 估计方法会有效解决该问题。

从表 5-9 报告的差分 GMM 和系统 GMM 方法估计结果中可以得出如下结论。

第一，差分 GMM 的估计结果显示，通货膨胀的滞后项对其当期值有显著影响（见（1）～（3））。在引入滞后项的情况下，一步差分 GMM 估计结果显示危机救助货币供应量滞后项在1％水平下对通货膨胀具有显著影响（见（1）），而两步差分 GMM 估计结果不显著（见（3）），稳健性差分 GMM 估计结果显示货币供应量滞后项也在1％水平下对通货膨胀具有显著影响（见（2））。一般来说，稳健性差分 GMM 估计结果最为准确。回归结果显示，滞后一期的货币供应量对通货膨胀具有显著影响，货币供应量每增加1％，通货膨胀率就会随之上升 0.1857％。

139

　　第二，系统 GMM 的估计结果也显示货币供应量的滞后项对通货膨胀影响显著（见（4）～（6））。在一步系统 GMM 估计下，危机救助货币供应量的当期值和滞后一期在 1％水平下显著。稳健性系统 GMM 估计也显示同样的结果。两步系统 GMM 估计下变量不显著。一般来说，稳健性系统 GMM 估计结果最为准确（见（5）），回归结果显示，危机救助货币供应量每提高 1％，会导致通货膨胀上升 0.1281％，货币供应量的滞后一期每提高 1％，会导致通货膨胀上升 0.1778％。

　　第三，在差分 GMM 估计和系统 GMM 估计的选择中，采用系统 GMM 方法估计得到的系数为 0.34，小于 0.90，为此，稳健性差分 GMM 估计（2）的估计结果应该最为准确。结果显示，当期危机救助货币供应量和滞后一期的危机救助货币供应量都对通货膨胀有重要影响。

表5-9 危机救助货币政策通胀效应的动态面板估计结果

变量	(1) 差分 GMM (一阶段)	(2) 差分 GMM (稳健性)	(3) 差分 GMM (两阶段)	(4) 系统 GMM (一阶段)	(5) 系统 GMM (稳健性)	(6) 系统 GMM (两阶段)
$Inf_{i,t-1}$	-0.3525*** (-43.26)	-0.3525*** (-18.25)	-0.4261*** (-3.80)	-0.3440*** (-48.83)	-0.3440*** (-15.98)	-0.3448*** (-5.42)
$M2_{it}$	0.1420*** (6.02)	0.1420*** (3.58)	-0.3225 (-0.34)	0.1281*** (6.77)	0.1281*** (3.88)	0.0825 (0.50)
$M2_{i,t-1}$	0.1857*** (8.82)	0.1857*** (4.33)	0.1088 (0.59)	0.1778*** (10.45)	0.1778*** (4.13)	-0.0839 (-0.14)
Em_{it}	-0.5019*** (-2.64)	-0.5019* (-1.87)	0.2217 (0.48)	-0.4932*** (-3.16)	-0.4932 (-1.44)	-2.5355 (-0.47)
$Em_{i,t-1}$	0.4235** (2.22)	0.4235 (1.25)	1.0164 (0.55)	0.2264 (1.46)	0.2264 (0.67)	2.3254 (0.48)
GDP_{it}	-0.3622*** (-3.77)	-0.3622* (-1.71)	0.9366 (0.51)	-0.5306*** (-7.16)	-0.5306*** (-3.38)	0.6644 (0.28)
Gov_{it}	0.0527 (0.50)	0.0527 (0.23)	-2.9464 (-0.61)	0.1687** (2.23)	0.1687 (0.71)	-0.3565 (-0.31)
$Gov_{i,t-1}$	-0.2603*** (-2.88)	-0.2603 (-1.10)	-0.3354 (-0.90)	-0.3057*** (-4.14)	-0.3057 (-1.34)	0.1779 (0.19)

续 表

变量	(1) 差分 GMM (一阶段)	(2) 差分 GMM (稳健性)	(3) 差分 GMM (两阶段)	(4) 系统 GMM (一阶段)	(5) 系统 GMM (稳健性)	(6) 系统 GMM (两阶段)
$M2_{it} \times FR_{it}$	0.1605*** (6.81)	0.1605*** (4.08)	0.6334 (0.66)	0.1749*** (9.23)	0.1749*** (5.25)	0.2395 (1.21)
$M2_{i,t-1} \times FR_{i,t-1}$	0.5523*** (25.54)	0.5523*** (11.81)	0.7760* (1.89)	0.5521*** (31.41)	0.5521*** (11.82)	0.8347 (1.30)
FR_{it}	−2.1903*** (−3.25)	−2.1903 (−1.28)	−96.9520 (−0.50)	−3.8472*** (−7.21)	−3.8472*** (−2.98)	−43.2318 (−0.43)
年度虚拟变量	略	略	略	略	略	略
截距项	13.0940* (1.71)	13.0940 (0.87)	0	28.9257*** (8.82)	28.9257*** (4.75)	0
样本数	475	475	475	500	500	500
Sargan 检验	60.547			91.34	91.34	91.34
Sargan P 值	0			0.217	0.217	0.217
AR(2) P 值		0.236		0.365	0.365	0.362

注：***表示1%水平下显著；**表示5%水平下显著；*表示10%水平下显著。

5.4　实证结论

本章以 1992—2012 年全球 25 个主要发达国家和发展中国家为样本，采用各国实施的危机救助货币政策以及其他宏观经济变量的时间序列面板数据，分别用静态面板模型和动态面板模型，对危机救助货币政策变量和经济增长、就业以及通货膨胀之间的关系进行了实证研究。实证结果表明，在运用静态面板估计方法时，危机救助货币政策具有显著的作用：对经济增长具有明显的正向刺激作用，对就业率的提高也有明显效果。与通货膨胀之间的正相关关系也表明，危机救助货币政策也会导致通货膨胀。运用动态面板估计方法显示的结果也是如此。

动态面板估计显示，危机救助货币供应量的滞后项与当期值高度相关，而且滞后一期与 GDP 增长率、失业率以及通货膨胀具有高度相关性，对 GDP 的促进作用较为显著。这表明，危机救助货币政策对经济增长具有较强的刺激作用，这一实证结论与 Friedman（1956）等指出货币供应量的变化能够在短期内对实际经济产生较大影响的结论相一致。此外，对就业和通货膨胀的动态回归结果显示，危机救助货币政策无论是当期值还是滞后项，均对以上指标具有显著影响，并不存在时滞。这表明非常规货币政策一方面通过实体经济促进了就业，另一方面也会导致通货膨胀和物价上涨，而且，就业效应和通货膨胀效应会持续较长时间。

本书的研究结果反映的政策含义：从全球范围来看，金融危机时期采用的宽松货币政策总体上是有效的，危机救助货币政策对全球经济的拉动起到了实质性的作用，尤其是对短期经济增长的拉动是非常显著的。本书的研究结论与张学勇等（2011）对中、美、欧盟在金融危机救助中的货币政策及其效果的研究结论是一致的，即虽然各经济体货币政策效果存在差异，但总体上都为各经济体刺激经济复苏起到了重要作用。本书研究结论也与国务院发展中心研究课题组（2009）认为的适度宽松的货币政策在此次金融危机中起到了很大的作用的观点相一致。

比较第 5 章的实证结论与第 3 章、第 4 章定性分析的结论，发现第 3 章、第 4 章定性分析中，危机救助货币政策的实施对发达国家和发展中国家经济的复苏发挥了全关重要的作用，对就业的增加也起到了不同程度的促进作用。但通货膨胀方面，部分国家因危机救助的货币政策实施而货币超发，导致通

货膨胀加剧。第 5 章实证中静态和动态的估计结果均表明，危机救助货币政策对经济增长具有较强的刺激作用，尤其是对短期经济增长的拉动作用非常显著。其对就业率的增长也具有明显效果，而且危机救助货币政策实施中因货币发行量过多也会导致通货膨胀。危机救助的货币政策存在一定的时滞，危机救助期间货币供应量的滞后项与当期值高度相关，而且滞后一期与 GDP 增长率、失业率以及通货膨胀具有高度相关性，对 GDP 的促进作用较为显著，而对就业和通货膨胀的效应具有一定的持续性。

6 危机救助货币政策的国际经验总结和政策建议

根据 IMF 专家 Luc Laeven 和 Fabián Valencia 2012 年的数据统计，从 20 世纪 90 年代至今，全球共爆发了几十次不同程度的金融危机，每次危机都会不可避免地带来巨大的损失，但"前车之覆，后车之鉴"，每次危机也会给其后的金融危机救助提供实践经验和理论指导，在其后的危机救助中都会对此兼收并蓄。尽管在未来有些危机的发生是不可避免的，但在危机救助中尽可能地吸取教训，借鉴以往危机救助的经验，把握好危机救助的时间、节奏和力度，采取及时、有效的政策措施进行救助，完全可以减少危机带来的损失。尤其是，有效实施危机救助的货币政策措施，能够成功地抑制金融危机的冲击，有效降低危机救助的成本，减少危机带来的损失，并避免或防止负效应的产生。

为此，深入总结并归纳美国、欧洲、亚洲和拉美地区主要的发达国家和发展中国家危机救助货币政策的实践经验及其经济增长效应、就业效应和通货膨胀效应的经验和教训，并从中得出有益的启示，对未来危机救助货币政策理论的完善和金融体系的改革提出参考性建议，尽可能避免在未来危机救助货币政策实施后出现负效应，有着至关重要的指导意义。

6.1 危机救助货币政策的国际经验和教训

理论与实践均表明，金融危机中政府救助是至关重要的，尤其是正确有效的货币政策措施的实施，对于刺激经济的增长、就业的增加有着不可替代的重要作用。但在危机救助过程中，要注意货币政策救助的及时性以及实施的力度和节奏，才能有效发挥货币政策危机救助的正效应，尽可能减少或避免其负效应。

分析以往主要的几次金融危机中危机救助货币政策的实施及其效果，在

不同时期的金融危机救助中，不同国家所采取的救助措施及其效果也大相径庭。尤其是，危机救助货币政策的实施时间、方向、力度、节奏等方面存在较大的差异，因而救助效应也存在较大的差异。例如，1997 年东亚金融危机中，在危机爆发之初，以 IFM 为代表的国际组织对东亚金融危机的评估结果和实际情况存在较大差距，又要求泰国、马来西亚、印尼等实施了紧缩性的货币政策和财政政策。此外，主要危机国家自救行动缓慢、救助力度不够，延误了救助的最佳时机①，使救助效果大打折扣。同样，在欧债危机救助中，欧盟低估了危机的严重程度，一再拖延救助的时机，而且在危机之初，实施了紧缩性的货币政策，使危机不断蔓延，至今尚未完全走出困境。与其相反，在拉美几次金融危机的救助中，墨西哥、巴西、阿根廷在积极自救的同时迅速得到了 IMF 等国际组织的援助贷款。在 2008 年的全球金融危机救助中，以美联储为首的主要发达国家迅速及时地采取了危机救助的政策措施。尤其是，危机救助货币政策实施的强度、频率和节奏前所未有，因而相对有效地抑制了危机的冲击，并相继走上了复苏之路。但在全球金融危机的救助中，因危机救助的货币政策实施的力度过大，货币超发而大量增加的流动性并未真正进入实体经济领域，不断溢出到国外，给本国或其他国家带来通货膨胀的压力和资产泡沫化风险。由此可见，实施危机救助的货币政策"过或不及"都无法达到预期的救助效果。因此，总结危机救助货币政策实施的国际经验和教训，实施及时且适度的危机救助货币政策，才能达到预期的救助效果，尽可能发挥危机救助货币政策的正效应，避免出现物价上涨、资产泡沫化等负效应。

纵观以往历次金融危机的救助，既有相对有效、成功的，也有无效而失败的，从中可以总结出一些值得借鉴的成功经验和引以为戒的教训。以下是以往主要的几次金融危机救助中，主要发达国家和发展中国家实施危机救助货币政策取得的经验以及教训。

6.1.1 危机救助货币政策的国际经验

1. 非常规货币政策有效抑制了衰退，促进了复苏

在全球金融危机救助中，鉴于以往金融危机救助货币政策实施的教训，以美国为首的主要发达国家应对危机的反应更快，危机救助货币政策实施的

---

① IMF. 世界经济展望 [R] . 1997 - 09 - 24.

力度也更大。不但高频率、大幅降低基准利率，而且前所未有地采取了一些创新的非常规货币政策工具，在危机救助中发挥了至关重要的作用。

在全球金融危机之初，主要发达国家采取的常规货币政策收效甚微。为此，在常规货币政策传导机制受阻、利率水平已接近于零的情况下，为了预防经济出现通货紧缩，主要发达国家转而实施了强有力的非常规货币政策，不但大幅降低利率、降低准备金率，通过公开市场业务购买债券等，而且通过创新的非常规货币政策工具大量注入流动性。例如，美联储先后通过 10 次降息，将联邦基金利率降至接近于零的历史最低水平；到 2008 年 12 月，联邦基准利率水平被降到历史最低值 0.25％。欧洲银行和英格兰银行也通过连续降息，将基准利率降至 1％的水平。与此同时，美国迅速及时地推出了巨额救援和经济刺激计划，同时还通过非常规货币政策工具分批、大量注入流动性，以缓解金融市场资金短缺的压力。此外，还创新了信用工具，使流动性资金的注入方式得到了新的拓展。先后通过创新货币政策工具，向商业银行、投资银行等金融机构注入的流动性高达 1.75 亿美元，购买债券高达 5000 亿美元；欧洲银行和英格兰银行注入的流动性分别多达 600 亿欧元和 750 亿英镑。此外，众多发展中国家也采取了宽松的货币政策来应对全球金融危机。货币供应迅速扩张，从 2007 年 8 月至 2009 年 3 月，美国基础货币供给增幅达 200％，远高于平均水平[1]，并直接接管或担保大型金融机构，截至 2011 年第 2 季度，美国 GDP 达到危机爆发以来的最高位 150038 亿美元[2]。以上常规和非常规货币政策协同货币政策等其他政策措施，及时有效地缓解了金融市场的流动性短缺的困境，有效地抑制了危机的冲击，避免了实体经济的大幅震荡，也提振了市场信心，维持了金融市场的稳定，为促进经济的复苏发挥了至关重要的作用。其中，中国经济先复苏，2009 年第 2 季度 GDP 增长率开始从最低的 6.2％回升到 2010 年第 2 季度的 7.9％；美国经济 2009 年第 3 季度出现好转迹象，2010 年 GDP 增长率从之前的负数上升到 2.8％，英国和欧盟主要成员国经济也先后回升。通过第 3 章的分析，我们发现主要发达国家危机救助的货币政策的就业效应并不明显，尤其是欧盟主要成员国中，除德国外，其他国家的失业率一直上升，至今没有得到有效控制。第 5 章实证的结

---

① 孙建东.金融危机救助研究 [D].成都：西南财经大学，2013 (6)：55.
② 闫屹，王莉.金融危机以来美国货币政策对我国影响及对策 [J].华北金融，2012 (7)：30.

果发现，发达国家危机救助货币政策的就业效应有明显的滞后期，但也在不同程度地缓慢恢复。

2. 危机救助货币政策实施的时机、力度和节奏至关重要

在全球化的当今，危机的冲击和蔓延比起以往都要迅速和广泛，但危机的缓解和经济的复苏却相对缓慢。为此，政府不能袖手旁观，而是要加强对其的引导作用。如果在危机之初，准确地认识和评估危机的危害程度，迅速及时地采取适度的救助措施，不但能有效抑制危机的加深和蔓延，减少危机救助的成本，尽快促进经济的复苏和就业的增加，而且会避免因危机救助不及时而延误救助最佳时机，避免因救助力度不够而使危机蔓延加深，增加经济损失和救助成本，避免因救助政策实施力度过大而在危机后产生通货膨胀压力增大、资产泡沫化等负效应。而实施危机救助货币政策的时机、力度、频率等，主要取决于货币当局能否根据危机爆发的时间，对当前和未来的经济金融形势、金融危机的严重性及其演变形式和程度做出准确判断和预期评估。例如，在亚洲金融危机和欧债危机救助中，危机的实际情况和评估结果出现较大的偏差，导致救援出手太晚，反而耽误了的最佳的救助时机[①]。而且，救助力度不够，未能及时阻止危机的蔓延。特别是在日本经济危机中，因错过了最佳的救助时机，导致了日本经济长达近 10 年的长期衰退。显然，只有具体掌握了金融危机的严重程度，才能做出正确判断和评估，才能够对症下药，及时采取适度的救助措施，使危机救助的货币政策发挥最大效力。但在现实情况下，金融危机的复杂性及信息的不对称性对政策制定者采取及时正确且适度的货币政策措施提出了更高的要求。正如伯克南所言（Bernanke, 2010），虽然在金融危机时期，实施非常规货币政策能够缓解金融市场压力，抑制经济衰退，但是，因缺少对于非常规货币政策的实证研究的相关指导，非常规货币政策的实施力度的确难以把握。鉴于以往金融危机救助货币政策实施失误的教训，与以往历次金融危机救助的货币政策措施相比，在全球金融危机救助中，美国以及其他主要发达国家应对危机的反应更快，危机救助货币政策实施的力度也更大。无论是在危机应对的时效性上，还是在危机救助货币政策实施力度、节奏和货币政策工具的创新上，都有很大的

---

① IMF. 世界经济展望［R］. 1997 - 09 - 24.

突破，是以往危机救助所不能比及的①。

以往危机救助货币政策的实施经验，使政策制定者明确意识到采取及时适度的货币政策措施救助危机的重要性。为此，各国政府要加强金融系统监管，在预防危机风险的同时，要通过创新政策沟通提高信息的前瞻性，尽早把握危机救助的时机，果断而迅速地实施适度的救助政策②。尤其要灵活运用危机救助的货币政策工具，只有这样才能提高危机救助的货币政策效应，减少危机带来的损失，降低危机救助的成本。

3. 与财政政策协调配合能更有效地发挥货币政策救助作用

从主要发达国家和发展中国家各政策措施协调配合方面来看，以往主要的几次金融危机救助的实践中，财政政策和货币政策的协同配合逐渐得到了加强。大量事实证明，在金融危机救助中，货币政策和财政政策等的协调配合对经济复苏至关重要。例如，美联储与财政部、FDIC 等部门密切合作，有效缓解了危机的冲击，大力实施危机救助货币政策，多次连续地大幅降低利息，以减轻财政融资的成本；货币政策为实施扩张性财政政策提供资金支持而购买长期国债等，积极通过货币政策来提高财政政策作用；同时，财政部等政府部门通过收购金融机构不良资产，通过注资来拯救濒临破产的金融机构，既有效地防范了系统性金融风险，又为货币政策发挥作用创造了良好的市场环境；对美联储收购的金融机构不良资产提供财政担保等措施，减轻未来出售不良资产可能产生的损失，降低其实施退出政策的财务负担，有助于增强其货币政策的独立性；通过扩大国债发行，将所获资金转存美联储，以提高美联储实施退出政策回收市场流动性的效果。美国财政部的做法，有助于促进、提高美联储货币政策的实施效果③。

从欧债危机中也可以看出，财政政策与货币政策的协调配合是非常必要的。欧盟原以为 2009 年希腊爆发的财政危机不会扩散，岂料 2010 年扩散到了欧洲其他国家，转变为欧债危机，使欧元大幅贬值。显而易见，危机救助中财政政策和货币政策的不协调导致了财政危机转化成货币危机④。为此，要

---

① 孙建栋. 金融危机救助研究 [D]. 西南财经大学，2013：53－54.

② 李湘栋. 美联储应对危机的政策反应与启示 [J]. 上海金融，2009 (5)：62－64.

③ 穆争社. 量化宽松货币政策的特征及运行效果分析 [J]. 中央财经大学学报，2010 (10)：31.

④ 韩江涛，安玮. 从欧债危机看财政政策与货币政策协调配合的必要性 [J]. 财经观点，2012 (5)：159.

认清在危机救助中加强财政政策与货币政策协调配合的重要性。欧债危机全面爆发后，欧盟为了推进危机救助货币政策的有效实施，也采取了减税、增加政府投资、对弱势群体补贴的财政政策协调配合，并允许欧盟成员国暂时超过 3% 的赤字，而且，27 个成员国共同推出了总额为 2000 亿欧元的经济刺激计划。亚洲主要国家韩国、中国、泰国等在积极实施危机救助的货币政策的同时，实施了大规模的财政刺激计划。其中，韩国实施了 3 万亿韩元的减税措施，而且在 2009 年的财政支出高达 284.8 万亿韩元[①]；中国为有效促进经济的复苏，配合宽松的货币政策而实施了高达 4 万亿元人民币的财政刺激措施。巴西、阿根廷、智利等拉美国家也在实施危机救助的货币政策的同时，协调配合实施了扩张性的财政政策，除增加基础设施投资和转移支付外，还向国有企业和国家发展银行提供流动性。上述各国危机救助期间货币政策和财政政策的协调配合，对迅速地阻止危机的蔓延，减少危机带来的损失和危机救助的成本，尽快促进经济的复苏和就业的增加发挥了至关重要的作用。与其相反，在以往危机救助中也存在对危机实际情况的严重性判断失误，错误地实施货币政策和财政政策都"双紧"的搭配措施的情况，结果是使危机国家经济雪上加霜。例如，在亚洲金融危机的救助中就出现了此类情况。为此，总结以往危机救助的货币政策和财政政策协调配合的经验与教训，对于以后危机救助政策措施的成功实施具有重要的指导和借鉴意义。

4. 国际协作救援的加强有效促进了经济的快速复苏

从国际合作方面看，以往几次主要的金融危机救助中，无论是东南亚金融危机、拉美金融危机、全球金融危机，还是欧洲债务危机，每次危机救助的各个经济领域，都有国际合作救助的身影，而且国际组织援救和国家间的协作救助都发挥了不可替代的作用。随着全球一体化进程的加快，金融风险的跨境传染异常迅速。因此，在金融危机的预警和救助过程中，只有加强国际合作，才能及时而有效地切断金融风险的外部来源[②]。

国际及区域组织的合作，主要体现在国际组织的联合援助、不同国家银行联合降息、联合存款担保计划的推出及货币互换协议的签订等方面。例如，在亚洲金融危机、墨西哥金融危机、巴西金融危机及阿根廷金融危机的救助

---

① 张荔，罗春婵，孙颖. 金融危机救助：理论与经验［M］. 北京：中国金融出版社，2011：150.
② 易纲. 关于国际金融危机的反思与启示［J］. 求是，2010（20）：34－35.

中，IMF 和其他国际组织的联合援助，虽然对主要危机国家经济的复苏起到的作用有所差异，而且存在争议，国际合作救助在金融危机的处理和救助中所起到的作用也因存在不尽如人意的地方而饱受批评，但总体而言，其积极作用是远远大于消极作用的，国际合作救援对于减少危机的破坏性，防止危机的进一步加深和蔓延，防止全球经济出现更大程度上的衰退，起到了积极的作用①。显然，若没有国际组织联合援助，危机国家单凭自己的力量，很难及时有效地抵御和救助危机，而且受危机冲击损失会更大，危机持续的时间也将会更长，危机救助成本也会更高，主要危机国家经济的复苏过程可能更漫长。特别是，在 2008 年全球金融危机的救助中，更加重视国际协作救助的重要性，众多危机国家的政府和中央银行采取了联合行动，加强了国际合作来共同应对危机。不同国家之间根据具体的实际情况实施了多种救助措施。首先，为了保持其流动性和清偿能力，美联储联合英格兰银行、欧洲银行和瑞士银行等先后于 2007 年 12 月 12 日、2008 年 3 月 11 日、2008 年 9 月 26 日、2008 年 10 月 13 日 4 次共同向金融市场和金融机构注入流动性，并于 2008 年 10 月 8 日、2008 年 11 月 6 日共同降低利率。其次，还对金融机构提供存款和债务担保。此外，为改善全球金融市场的流动性短缺状况，2007 年 12 月—2008 年 12 月，美联储先后与欧元区、英国、瑞典、加拿大等 14 个国家（地区）的中央银行签订了货币互换协议。而且，随着危机的加深，货币互换的国家范围不断扩大，金额不断增加，期限也在不断延长②。中国也从 2009 年 1 月起先后与多个国家（地区）的中央银行签订了货币互换协议。欧洲债务危机救助中，除了欧元区各国间达成协同救助危机的实质性协议，通过担保银行间贷款及购买银行股权的方式等联合行动外，欧盟与国际货币基金组织还共同设立了欧洲金融稳定基金，救助欧洲债务危机。以上国际合作的联合救助措施缓解了短期货币市场压力，稳定了金融市场，为防止欧洲债务危机的进一步蔓延起到了重要作用。

6.1.2 危机救助货币政策的教训

分析以往主要几次金融危机救助，虽然危机救助的货币政策为刺激各国经济复苏发挥了至关重要的作用，但与其同时，"迫切时期"实施的危机救助

---

① 孙建栋. 金融危机救助研究 [D]. 成都：西南财经大学，2013：87.
② 张远军，陈庆海. 央行视角下的美国金融危机救助 [J]. 金融发展评论，2013 (8)：78.

货币政策在危机后不断出现弊端，带来了不少负面效应，使我们不得不重新审视危机救助货币政策的利与弊。尤其是在全球金融危机的救助中，主要发达国家前所未有地采取了极为宽松的货币政策。虽然过去的 2 年时间，各国的经济陆续复苏，就业不断增加，各项指标大有起色，但相对于货币政策实施的力度和预期，货币政策危机救助的效果不佳。但宽松货币政策在救助中产生的负效应也暴露无遗，全球流动性泛滥，使众多国家产生了物价大幅上涨，通货膨胀压力加大，而且使资产价格攀升、资产泡沫化风险加大等问题。显然，上述负效应限制了发达国家对货币政策的选择，也因而影响了危机救助货币政策的实施效果。为此，要密切关注和预防危机救助中实施宽松货币政策可能带来的各种风险①。在总结危机救助货币政策的实施所取得的成功经验的同时，也应该总结所带来的教训，以便在以后的危机救助中避免产生类似的负效应。分析以往危机救助货币政策的实施结果，主要有以下几条特别需要引以为戒的教训。

1. 货币超发，导致多数国家物价上涨，通货膨胀压力提升

全球金融危机爆发后，主要发达国家都采取了危机救助的政策措施。尤其是，危机救助货币政策实施的力度、调整的频率、幅度及货币供给量的增幅之大都是史无前例的。而危机救助的宽松货币政策犹如一把双刃剑，有利也有弊。虽然在短期内，经济衰退和各种资产价格泡沫破裂使价格水平向下波动，而且危机救助宽松货币政策的绝大部分新增货币以超额准备金的形式存在，尚未转化成超额购买力，为此，并没有引发显著的通胀现象。但长期而言，危机救助的宽松货币政策在促进经济复苏的同时导致了物价的不断上涨，随着信贷市场的恢复和经济的复苏，通货膨胀的压力不断加大，给众多国家经济造成了很大损失。例如，1998 年上半年印尼的货币发行总量显著增加，结果因货币发行量失控，使流通中的货币供应量过多，导致通货膨胀率大幅飙升；2001 年阿根廷金融危机救助中，货币局制度的实施使得比索随着美元的走高被逐步高估，导致危机期间通货膨胀率高升；2008 年全球金融危机救助中，美联储大量发行美元，美国广义货币供给量 M2 从 2008 年第 1 季度的 982703 亿美元增加到 2009 年第 4 季度的 1100836 亿美元。美国的货币供

---

① 马红霞，孙雪芬. 金融危机期间美联储货币政策效果研究——基于货币市场的实证分析[J]. 世界经济研究，2011 (2)：12.

应量增加和美元贬值，造成全球热钱的增加，导致国际金融市场的美元流动性泛滥，引起全球大宗商品价格上涨，也造成了其他国家通胀压力的加大。热钱流入使阿根廷、巴西、俄罗斯、中国、韩国等国的物价上涨，通货膨胀率上升。中国也因实施了危机救助的宽松货币政策，大幅增加了货币供给量。2009 年 M2 供给量达 61.6 万亿元，增长率高达 28.42％，远超计划的 16％；2010 年 M2 供给量达 72.6 万亿元，超过实际需求量 12.6 万亿元[①]，外加美联储货币超发的传导效应，导致 2011 年以来中国物价上涨，资产泡沫风险增加，通货膨胀日益严重。而且，直到 2013 年，主要国家的通货膨胀尚未完全消除。

2. 错误地实施紧缩性货币政策使危机国经济雪上加霜

危机期间金融市场资金短缺，此时实施紧缩性的货币政策会使本已陷入困境的银行和企业更加难以为继。在经济衰退的过程中，如果实行紧缩的货币政策，无疑是雪上加霜，抑制了投资和消费需求，会进一步使经济萎缩，呈现出失业率不断上升、物价持续下降等一系列的市场表现，而美国在大萧条的初期就是因为使用紧缩的货币政策而使危机雪上加霜，付出了沉重的代价。同样，日本在 20 世纪 90 年代中期经济出现复苏迹象的时候，实行紧缩的货币政策也让经济状况直转急下，经济延续了十几年的衰退低迷，至今尚未提振。1997 年在亚洲金融危机爆发之初，银行和企业需要资金救助的非常时期，泰国、马来西亚、印尼、韩国等国央行反而错误地实施了紧缩性的货币政策，泰国市场利率从 1997 年 4 月的 12％上调到 9 月的 19％；马来西亚在 1997 年 10 月将国内信贷增长率从之前的 25％下调到 15％；韩国央行将短期利率从 1997 年 12 月 1 日的 10％提高到了 24 日的 30％；印度尼西亚将利率水平从 1997 年年底的 30％提高到 1998 年年初的 40％[②]。这一系列紧缩性货币政策的实施，使本来捉襟见肘的东南亚国家银行和企业资金严重短缺，运转更加困难，使不少原本可以存活的企业走上破产之路，从而导致更多人失业，影响了这些国家本国的投资和消费，使危机形势更为严峻，反而限制了危机国救助政策的有效实施，使东亚危机国及其周边国家经济雪上加霜，为此付出了沉重的代价。而国际货币金融组织的援助要求危机国承诺实施紧缩财政

---

① 周丽华. 中美应对金融危机货币政策效应分析［J］. 合作经济与科技，2012（8）：55.
② 孙建栋. 金融危机救助研究［D］. 成都：西南财经大学，2013：61.

政策，进一步加速了危机国金融市场的动荡和经济的衰退。直到 1999 年年中，它们才意识到问题的严重性，重新调整危机救助的货币政策，泰国、马来西亚、菲律宾等国转而实施了宽松的货币政策，通过降低利率、鼓励银行放贷等方式来刺激投资和消费，使经济转向复苏。

同样，在欧债危机救助中，欧盟因低估了危机的严重程度，一再拖延救助的时机。其中，在货币政策方面，欧洲央行采取紧缩的货币政策，而且货币政策实施的力度、强度都比较弱，同时各成员国采取紧缩的财政政策。为此，对于那些危机冲击比较大的国家，如希腊、德国等，仅仅依靠自救难以走出危机困境，不得不依靠外部救援走出危机。欧盟只好通过内外并举的措施，主要采取了欧盟成员国自救和国际救援的方式相结合来救助债务危机[①]。虽然欧盟采取紧缩性政策在一定程度上缓解了各国赤字问题，但对经济的复苏仍无济于事，使危机不断蔓延。为此，欧洲央行转而实施了宽松的货币政策，以刺激经济的复苏。2013 年，才使危机严峻的形势得到进一步趋缓，从 2013 年第 2 季度起，欧元区总体经济形势终于再次出现了复苏的迹象，但经济增长依然不稳定，经济的复苏依然脆弱，至今尚未完全摆脱危机的影响。

3. 金融危机使发达国家和地区央行的独立性受到挑战

央行能够保持适度的独立性，对于及时有效地实施货币政策，维护金融市场的稳定，促进经济的发展十分重要。而在全球金融危机救助中，美联储、欧洲央行、日本银行等主要发达国家和地区的央行，持续实施了危机救助的宽松货币政策，购买了大量的政府债券，模糊了政府和央行的职能，将财政政策货币化，央行独立性遭受了严重的挑战。其中，美联储过多地承担了政府救助危机的职责，也因此而约束了美联储制定和实施货币政策的独立性。通过危机救助的非常规货币政策工具，大量购买了长期国债及其他部门发行的证券，导致了财政政策货币化，结果不可避免地出现了不少的负面影响。首先，直接干预了市场定价机制，导致市场价格水平和成交量不能真实反映资金需求[②]，也不能相对准确地评估所能够承受的风险水平。其次，美国政府财政赤字不断加大，要求美联储大量购买长期国债，加大了财政赤字与货币增长之间的相关性。此外，甚至要求美联储以提高通胀为代价来减轻其债务，

① 刘丰. 国际社会应对欧债危机的经验与借鉴 [J]. 南开学报：哲学社会科学版，2013 (3)：11 - 17.

② 穆争社. 量化宽松货币政策的实施及其效果分析 [J]. 中南财经政法大学学报，2010 (7)：30.

造成货币政策被财政政策绑架的格局①。

欧洲央行是世界公认的最为独立的央行之一，然而，近年来其独立性也受到挑战。尤其是随着欧债危机的进一步蔓延，欧洲央行不得不承担最后贷款人角色。2012 年 2 月，欧元区央行第 2 轮长期再融资操作的推出，使其独立性受到很大质疑。日本银行于 1998 年在法律上确立了独立的地位，但其货币政策仍时常受到日本政府的干预。2013 年年初，日本政府公然挑战央行的独立地位，要求银行加大量化宽松货币政策的力度，并提出将通货膨胀目标上调一个百分点，由 1% 提升至 2%②。显然，英国、日本等一些国家货币政策的独立性也逐渐被财政政策所侵蚀，货币政策也已被财政政策所绑架。

货币政策不同于其他政策，而且政府目标远多于货币政策目标。独立性较强会减少或避免受到政府其他政治因素的干扰，才能通过市场机制对微观经济形势做出更准确的判断，采取更符合实际的政策措施，才能更有效地实现其经济目标。尤其是对发展中国家而言，保持央行货币政策的独立性，对于央行有效行使其权力，根据经济实际需求制定和实施货币政策措施，促进经济的稳定增长是至关重要的。但央行独立性过强也会引起危机的发生。例如，美联储在全球金融危机爆发之前高度独立，对大银行监管不力，忽视了次级贷款存在的风险，导致金融衍生品链条失控，引发了金融危机。为此，危机后必然需要削弱美联储的高度独立性。与此同时，也应认识到其反向的过度也会产生危机。高度独立的货币政策引发了危机，同样，缺乏独立性的货币政策也会因难以发挥其效力而严重制约经济的发展，使经济陷入危机。日本危机后经济的长期衰退就是个典型的例子。

历史证明，央行独立性的"过度或不及"都会引发金融危机。为此，如何以史为鉴，能否赋予各国央行适度的独立性，对于本国乃至世界的经济金融稳定、安全至关重要。不管是发达国家还是发展中国家，作为流动性提供者的央行，必须保持其相对的独立性，审时度势才能正确地实施货币政策和提供适量的货币供给，维护经济的稳定增长。所以，各国必须从本国实际情况出发，协调好政府和银行间的关系，赋予央行适度的独立性，这样才能有效地促进经济的平稳发展。

---

① 徐琤．非常规货币政策的利与弊［N］．解放日报，2013－03－20.

② 索丽娜．国际金融热词解读：央行独立性［N］．人民日报，2013－05－07.

4. 危机救助的宽松货币政策引发了资产价格泡沫风险

以往金融危机的救助实践证明，危机救助中过度宽松的货币政策及积极的财政政策实施，导致流动性过剩，热钱的助推使资产价格大幅上涨，资产泡沫化程度日益加重。不论是在全球经济大萧条、日本的泡沫经济、东南亚金融危机中，还是在全球金融危机中，历史教训都表明，实施危机救助的宽松货币政策，加大货币投放，向市场注入大量流动性，会导致资产泡沫化，最终因泡沫的破裂而引发金融危机。

20 世纪 90 年代，东南亚各国依靠外资创造了经济增长的奇迹，但也由于国际热钱的持续流入产生了巨大的资产泡沫。外资获利出逃后，东南亚各国资产泡沫破裂，因而爆发了亚洲金融危机，这些国家为此承受了巨大的损失。美国重蹈覆辙，在 2004—2006 年，尽管美国的通胀压力较小，而美联储在格林斯潘的主导下一直采取的是相对宽松的货币政策，使资产价格不断大幅上涨，导致房地产泡沫的破裂，并最终引发了 2007 年的次贷危机，其蔓延至全球所带来的消极影响至今尚未完全消退。

当前，新兴国家经济虽然增长非常快，但也存在着较大的资产泡沫膨胀风险。危机救助宽松货币政策的实施，以美国为代表的发达国家向市场注入了大量流动性，而发达国家本国内信贷需求不足，因此，各国央行通过购买长期债券及购买私人部门债券而创造的流动性严重过剩，只有少部分真正进入实体经济中，而很大一部分溢出到国外，流向其他国家，导致全球范围内的流动性过剩，造成新兴国家资产价格攀升，催生了资产价格泡沫的风险。例如，亚洲的中国、韩国等国家，拉美的阿根廷、巴西等国家，都因没有足够的紧缩，利率相对较高，使得大规模国际热钱为了套利，由低利率的发达国家流入利率较高、复苏较快的新兴国家。热钱流向房地产市场与金融市场，从房地产到股市，导致这些新兴国家资产价格膨胀。而且，信贷增长太快，使这些国家的货币升值，推动新兴经济体的资产价格大幅上涨，加大了新兴经济体资产价格泡沫风险压力[①]。例如，中国的基准利率为 2.5% 时，美国的基准利率却依然维持在 0~0.25%，日本的基准利率更低，处在 0~0.1% 之

---

① 李向前，郭强. 美联储非传统货币政策及其对我国货币政策的启示 [J]. 经济学动态，2012 (11)：81-85.

间①。显然，存在较大的套利空间，人民币资产对美、日等实施宽松货币政策超发的流动游资具有很高的吸引力，对中国资产价格的泡沫化带来了很大的风险。樊纲（2010）认为，中国宽松的货币政策的实施及大量国际投机性短期资金的涌入，使中国流动性严重过剩，热钱涌入抬高了资产价格。中国通货膨胀、资产泡沫风险都"令人担忧②"，但通货膨胀率不会轻易大幅上涨，真正令人担心的是资产泡沫。为此，要谨记资产泡沫破裂的历史教训，为避免重蹈覆辙，要高度警惕并加强流动性管理，抑制资产泡沫风险。

6.2 政策建议

在金融危机救助中，主要发达国家和发展中国家危机救助货币政策的首要目标是促进经济增长，实现充分就业。由于经济发展的周期性，即使在没有明显通胀压力的情况下，风险也能逐步积累，最终导致经济失衡。货币政策考虑的期限一般为1~2年的时间，注重短期因素而做出的货币政策调整框架可能会加剧经济波动，这是因为货币政策考虑期限大大短于经济失衡和释放周期，容易导致经济失衡。经济均衡、平稳发展要求即便是短期内通胀仍处于可控的情况下，货币政策仍需包容紧缩性要求。因此，政府在制定货币政策时，要更加关注经济风险的总量控制，除了考虑促进经济增长因素外，还要适当考虑信贷增长和资产价格上扬的影响、通胀积累等因素。此外，还要妥善处理保持经济平稳较快发展、调整经济结构和管理好通胀预期之间的关系，保持流动性合理适度，引导金融机构优化信贷结构，增强贷款增长的可持续性，维护金融体系稳定，提高金融支持经济可持续发展的能力。具体而言，主要的政策建议包括以下几点。

6.2.1 明确和强化中央银行相关职能

全球金融危机惨痛的教训，使各国都清楚地意识到明确和加强央行维护金融稳定的职责是至关重要的。由于在危机之前，各国央行对于维护金融稳定的职责并不明确。尤其是美联储，其监管职责只是针对银行控股公司，而对金融控股公司（包括证券控股公司、储蓄控股公司等）缺乏监管，这使金

---

① 王心果. 曰美两国量化宽松货币政策催生我国资产泡沫的风险与应对 [J]. 中国西部科技，2010（11）：52.

② 樊纲. 资产泡沫令人担忧 [J]. 中国保险，2010（2）：6.

融系统中存在的金融风险不断膨胀，最终导致危机的爆发。事实表明，在危机的救助中，各国央行提供了大量流动性，发挥了媒介作用，有效缓解了危机冲击，促进了经济复苏。全球金融危机救助的实践表明，应赋予央行金融监管的职责，更有利于有效监测和预防系统性金融风险。为此，应该强化和明确央行在预防金融系统性风险、恢复金融体系功能及在宏观审慎管理中的重要作用，只有这样才能尽早查漏补缺，预防风险。同时，应该加强央行与其他政府机构，包括财政部门和监管机构的协调合作，联合监管和预防金融风险，维护金融稳定。

6.2.2　保持合理的市场流动性，管理好通胀预期

要根据经济金融形势的变化，合理安排货币政策工具组合、期限结构和操作力度。在合理运用好货币政策工具中的利率、法定存款准备金率、信贷额度、公开市场操作等的前提下，根据金融市场的实际需要进行宏观调控，积极创新对冲工具，保持市场合理的流动性。全面监测商业银行的短期流动性状况并管理好流动性，尽可能将流动性引入实体经济领域，才能发挥货币政策救市的最大效应。及时消化房地产市场等资产泡沫，切实管理好通货膨胀预期，在物价可控的前提下，促进经济和就业的增长。

6.2.3　增强信贷支持经济的均衡性和可持续性

一方面，要通过货币政策积极引导商业银行适时有节奏地投放贷款，避免过度集中性的放款；另一方面，要积极配合国家财税、产业、外贸、环保等重点工作，引导金融机构进一步优化信贷结构，防范通货膨胀和资产泡沫化风险。通过信贷的合理投放，大力支持国家在产业结构调整过程中急需支持的重点项目，增强金融持续支持经济发展的能力，推动经济结构的战略性调整和经济发展方式的转变。例如，继续加强对中小（微）企业的信贷支持，以增加民间投资，缓解企业生存压力；继续加强对"三农"的信贷支持；限制对产能过剩、重复建设行业的贷款等。

6.2.4　货币政策需贯穿危机的整个周期

货币政策要以整个周期为考虑对象，是因为金融失衡及其释放周期比当期制订目标时预期的时间要长得多。在整个经济周期采取相对适度的货币政策措施，保持必要的调控力度，即经济高涨时的货币政策要同时考虑可能给经济低谷时带来的影响；反之亦然。这样，货币政策在整个周期内的调整幅

度就相对和缓。现行的货币政策调控机制的目的是缓解金融危机，但过于宽松的货币政策蕴藏着巨大的通胀风险。因此，要协调、缓解金融危机与未来经济失衡之间的关系，控制通货膨胀预期，保持物价基本稳定。

6.2.5 深化金融改革，维护金融市场长期稳定

金融危机救助货币政策是政府短期的干预措施，为预防和避免危机的再次发生，危机后对金融体系的相关制度进行改革，使之长期化是至关重要的。短期而言，危机救助的宽松货币政策和财政政策及其他相关政策协调实施后，各个危机国家金融市场逐步趋于稳定，实体经济也逐步复苏。但危机救助宽松货币政策的实施，使市场流动性过剩。国际游资的溢出效应导致物价大幅上涨，不少国家通货膨胀压力提升，同时出现了资产泡沫风险加大等问题。针对危机救助的宽松货币政策实施后产生的一系列负面影响，从长远来看，对金融体系进行制度改革显得尤为重要。一要从中央银行开始，稳步推进利率市场化改革，推动货币市场基准利率体系建设，进一步增强价格杠杆的调控作用。二要不断完善人民币汇率形成机制，保持人民币汇率在合理均衡水平上的基本稳定。三要继续推进外汇管理体制改革，以完善公司治理和优化金融结构为重点，进一步深化金融行业改革。四要将部分非常规货币政策工具作为中央银行调控经济、熨平经济周期波动的有益补充，纳入常规化货币政策工具范围，而非全部退出危机中推出的非常规货币政策工具，这样才能维护金融市场的长期稳定。

6.2.6 加强货币和财政政策协调配合，强化国际合作

金融危机救助的实践表明，加强货币政策和财政政策的协调配合，并强化国际合作联手救市，对于摆脱危机困境、提振市场信心、促进经济复苏至关重要。正如伯克南（Bernanke，2009a）所言，"货币政策工具并非是万能的"，任何一次危机的救助都不可能靠单一的货币政策就能取得成功。为此，货币政策和财政政策等协调配合的救助更有效。首先，要在明确财政政策、货币政策各自职能的前提下，采用积极的货币政策应对，并辅以适宜的财政政策，充分发挥央行和财政的作用，这样才能有效降低市场风险，阻止危机进一步蔓延并促进经济的复苏。其次，要在保持央行适度独立性的前提下，灵活实施财政政策，使货币政策和财政政策既相互独立，又相互配合，在动态协调中发挥各自的最优效果。此外，尽量避免因受政府目标的约束而将货

币政策财政化，减少对货币政策独立性的侵蚀，更有效地促进货币政策和财政政策危机救助作用的发挥。

从国际层面而言，在经济金融全球化日益加深的背景下，任何国家都不可能独善其身，在危机救助中，必须采取国际联合协作的措施。只有在金融危机救助中加强国际合作，协同抵御金融危机，才能增强危机救助政策措施的有效性，降低或消除危机跨国传播的负向溢出效应，减少危机带来的损失。首先，要加强国家间信息的沟通，在加强经济金融全球一体化的同时，加强信息沟通的一体化，让全世界及时充分地掌握经济金融的相关信息，及时排解各个国家潜在的危机。其次，要不断发展和完善 IMF 等国际合作组织危机联合救助的方式，使其在以后的危机救助中能更有效地发挥救助作用。

参 考 文 献

［1］范从来．论通货紧缩时期货币政策的有效性［J］．经济研究，2000（7）：24-31．

［2］陆荣，王曦．应对国际金融危机的货币政策效果［J］．国际金融研究，2010．

［3］徐茂魁，陈丰，吴应宁．后金融危机时代中国货币政策的两难选择抑制通货膨胀还是保持经济增长［J］．财贸经济，2010（4）：20-25．

［4］张学勇，宋雪楠．金融危机下货币政策及其效果：基于国际比较的视角［J］．国际金融研究，2011（9）：9-17．

［5］李斌．中国货币政策有效性的实证研究［J］．金融研究，2001（7）．

［6］陆军，舒元．货币政策无效性研究命题在中国的实证研究［J］．经济研究，2002（3）：3-21．

［7］李沂，肖继五．宏观经济波动与货币政策反应效果的实证检验［J］．统计与决策，2009（18）：51-55．

［8］赵昕东，耿鹏．中国通货膨胀成因分解研究［J］．数量经济技术经济研究，2010（10）：55-61．

［9］王伟．金融危机背景下中国货币政策有效性的实证研究［J］．求索，2011（2）．

［10］李济广．国际金融经济危机后美国与中国扩张性货币政策效果分析［J］．现代经济探讨，2012（12）．

［11］瞿强．资产价格波动与宏观经济政策困境［J］．管理世界，2007（10）．

［12］朱民，边卫红．危机挑战政府——全球金融危机中政府救市措施批判［J］．国际金融研究，2009（2）：25-27．

[13] 刘胜会．危机中美国定量宽松货币政策实施效果——央行资产负债表的视角 [J]．财经科学，2009（10）．

[14] 王永利．后危机时代的中国金融 [J]．国际金融，2010（9）：3－6．

[15] 陈庆海．美联储危机救助研究 [D]．长春：吉林大学，2012（6）：56－61．

[16] 刘斌．我国货币供应量与产出、物价间相互关系的实证研究 [J]．金融研究，2002（7）．

[17] 陈健，徐康宁，王剑．货币供给、价格波动差异与经济增长：全球视角的经验研究 [J]．国际金融研究，2011（10）．

[18] 李连发，辛晓岱．银行信贷经济周期与货币政策调控：1984—2011 [J]．经济研究，2012（3）．

[19] 初彦波，丁林涛．货币政策与物价稳定的非线性动态关系——基于货币供应量的视角 [J]．经济与管理，2012（10）．

[20] 葛腾飞，梁秋霞，万苗苗．我国通货膨胀成因的实证分析——基于2010—2011年月度数据 [J]．沈阳师范大学学报：社会科学版，2013（1）：4－11．

[21] 王国刚．物价变动并非总是货币政策的函数 [J]．经济学动态，2009（10）．

[22] 任康钰．美国几次金融危机的比较——货币供应的视角 [J]．武汉金融，2009（8）．

[23] 苗永旺，王亮亮．金融危机救助方案及其效果评价 [J]．世界经济研究，2009（12）．

[24] 张思成．长期均衡、价格倒逼与货币驱动——我国上中下游价格传导机制研究 [J]．经济研究，2010（6）：20－41．

[25] 张军，厉大业．美国政府债务长期可持续性分析——基于一般均衡条件下的代际预算约束模型 [J]．国际金融研究，2011（8）．

[26] 刘海莺，张华新．适度宽松货币政策退出的迫切性及困境分析 [J]．财经科学，2011（2）：74－77．

[27] 林毅夫．东南亚金融危机的经验教训与我国的产业发展政策 [J]．经济科学，1998（2）：8．

[28] 李稻葵．未来宏观调控政策应"宽财政紧货币" [N]．第一财经日

报，2012-11-06.

[29] 周小川. 金融危机中关于救助问题的争论 [J]. 金融研究，2012
(9)：18.

[30] 何传添，廖国民. 当前欧美货币政策的新动向 [J]. 国际经贸探
索，2013 (1).

[31] 徐莹. 量化宽松货币政策的理论、实践和效应研究 [D]. 杭州：
浙江大学，2011：61.

[32] 刘鹤. 两次全球大危机的比较研究 [M]. 北京：中国经济出版社，
2013：81.

[33] 李亮. 欧债危机中欧央行货币政策应对和实施效果 [J]. 国际金融
研究，2013 (3).

[34] 吴志成，朱旭. 欧盟对欧洲主权债务危机的救助 [J]. 南京大学学
报，2013 (3)：62.

[35] 尹继志. 欧洲央行应对金融危机的货币政策 [J]. 宏观经济管理，
2012 (12)：81-83.

[36] 透视欧洲经济复苏的喜与忧 [N]. 国际在线—世界新闻报，2010-
08-20.

[37] 阙澄宇. 欧洲中央银行体系研究 [D]. 大连：东北财经大学，
2002：80-81.

[38] 中国人民银行货币政策分析小组. 中国货币政策执行报告 [N].
金融时报，2009-02-24.

[39] 王潇潇. 美中应对金融危机的货币政策及其效果比较 [J]. 亚太经
济，2012 (4)：99.

[40] 许宪春. 国际金融危机爆发以来我国的经济增长表现 [J]. 经济学
动态，2011 (3)：21-24.

[41] 李薇辉，薛和生. 劳动经济问题研究——理论与实践 [M]. 上海：
上海人民出版社，2005：156-157.

[42] FRIEDMAN M. "The Quantity Theory of Money—A Restate-
ment" in Studies in the Quantity Theory of Money [M]. Chicago：Universi-
ty of Chicago Press，1956.

[43] FRIEDMAN，MILTON，SCHWARTZ，et al. A monetary history

of the United States，1867—1960 [M] . NBER Books，1963.

[44] BARRO，BARRO R J. Rational Expectations and Macroeconomics in 1984 [J] . American Economic Review，1984 (3)：861.

[45] SCHWARTZ. Systemic Risk and the Macroeconomy [A] . KAUF-MAM G. Banking Financial Markets and Systemic Risk：Research in Financial Servical，Private and Public Policy [C] . Hanpton：JAI Press Inc. 1995 (7)：103 - 118.

[46] KRUGMAN，PAUL. What happened to Asia，mimeo，MIT，1998.

[47] EGGERTSSON，WOODFORD，MICHAEL. The zero bound on interest rates and optimal monetary policy [J] . Brooking Papers on Economic Activity 34，2003 (1) ：139 - 235.

[48] BERNANKE，REINHART，VINCENT R. Conducting monetary policy at very low short - Term interest rates [J] . American Economic Review，2004 (2)：85.

[49] MISHKIN F S. Is Monetary Policy Effective during Financial Crises [J] . American Economic Review，2009 (2)：573 - 577.

[50] BERNANKE B S. The Crisis and the Policy Response，speech delivered at the Stamp Lecture，London，England：2009.

[51] RICARDO. Monetary Policy effects in the Financial Crisis [J] . Working Papers，2010 (56) .

[52] STEPHEN G，CECCHETTI. Crisis and Responses：The Federal Reserve in the Early tages of the Financial Crisis [J] . The journal of Economic Perspectives，2009 (1)：51 - 76.

[53] MISHKIN F S. Monetary policy flexibility，risk management，and financial disruptions [J] . Journal of Asian Economics，2010 (21)：242 - 246.

[54] KEYNES J M . The General Theoryof EmPloyment，Interest and Money Cambridge [M] . Macmillan Cambridge University Press，1936：12 - 28.

[55] LUCAS. Expectations and the Neutrality of Money [J] . Journal of Economic Theory，1972 (4)：103 - 125.

[56] TOMASZ LYZIAK，JAN PRZYS TU PA，EWAS TANIS LA WSKA，et al. El Monetary Policy Transmission Disturbances During the Fi-

nancial Crisis [J] . Eastern European Economics, 2011 (5): 75 - 96.

[57] WHITE, WILLIAM R. Procyc licality in the Financial System: Do We Need a New Macrofinancial Stabilisation Framework [J] . BIS Working Paper, 2006 (193) .

[58] CLAUDIO BORIO, PHILIP LOWE. Asset prices, financial and monetary stability: exploring the nexus [J] . Working Papers 2002 (114) .

[59] CARMEN M R, KENNETH S R. Is the 2007 U. S. SubPrime Financial Crisis So Different [J] . An International Historical Comparison, 2008.

[60] TRICHET, JEAN - CLAUDE. Credible alertness revisited [R] . Financial stability and macroeconomic policy, the Federal Reserve Bank of Kansas City, 2009.

[61] DUVVURI SUBBARAO. Price stability, financial stability and sovereign debt sustainability policy challenges [R] . the New Trilemma Inaugural speech, Mumbai, 2012 - 02 - 01.

[62] ATHANASION GEROMICHALOS, JUAN MANUEL LICARI, JOSE SUAREZ LLEDO. Monetary policy and asset prices [J] . Review of Economic Dynamics, 2007 (10): 761 - 779.

[63] GEORGE T, MCCANDLESS JR, WARREN E, et al. Some Monetary Facts [J] . Federal Reserve Bank of Minneapolis Quarterly Review, 1995 (3): 2 - 11.

[64] BERNANKE B S, et al. Inflation Targeting: Lessons form the International Experience [M] . New Jersey: Princeton University Press, 1999.

[65] BERNANKE B S. Measuring Monetary Policy [J] . Quarterly Journal of Economics, 1998 (113): 869 - 902.

[66] ADALID R, DETKEN C. Liquidity Shocks and Asset Price Boom Bust Cycles [R] . European Central Bank Working Paper, 2007.

[67] CHARLES T, CARLSTROM T S. Fuerst Asset prices, nominal rigidities, and monetary policy [J] . Review of Economic Dynamics, 2007 (2): 256 -275.

[68] BERND HAYO, ALI M K, MATTHIAS NEUENKIRCH. Communication Matters [J] . U. S. Monetary Policy and Commodity Price Volatil-

ity，2011.

[69] BINNER J M , TINO P，TEPPER J，et al. Does money matter in inflation forecasting [J] . physica A，2010（21）.

[70] MICHAEL BORDO. Lessons from the 1930s' for the Feds' Exit Strategy [R] . Shadow Open Market Committee Symposium，September 30，2009.

[71] BERNANKE B S. The Crisis and the Policy Response [R] . speech delivered at the Stamp Lecture，2009.

[72] MISHKIN，FREDERIC S. Is Monetary Policy Effective during Financial Crises [J] . American Economic Review，2009（2）：573 – 577.

[73] JORDAN T. Monetary policy in the financial crisis — measures，effects，risks [R] . The Swiss Banking Global Symposium，Zurich，2012 – 12 – 16.

[74] SILVIA TRIFONOVA. The Role of Monetary Policy and Lessons From the Financial Crisis [J] . Journal of US—China Public Administration，2012（40）：1548 – 6591.

[75] OTMAR ISSING. Lessons for Monetary Policy：What Should the Consensus Be [J] . IMF Working Paper，2011.

[76] CARL E W. Central Bank Independence Revisited [J] . Economic Papers，2011（1）：18 – 22.

[77] FILHO，IRINEUDE CAR VALHO. Inflation Targeting and the Crisis：An Empirical Assessment [J] . IMF working paper，2010.

[78] DISYATAT P. The bank lending channel revisited [J] . BIS Working Paper，2010（297）.

[79] MISHKIN F S. Monetary Policy Strategy：Lessons from the Crisis，Graduate School of Business [J] . Columbia University and National Bureau of Economic Research，2011.

[80] LUC LAEVEN，fabián valencia. Systemic Banking Crises Database：An Update [J] . IMF Working Paper，2012.

[81] Bank of Japan. Minutes of the Monetary Policy Meeting on Mrach 19，2001.

后　记

本书是在本人博士论文基础上修改而成的，是本人在读博期间对全球主要国家金融危机救助货币政策的实施及其产生的经济增长效应、就业效应和通货膨胀效应的分析和总结的成果。本书的初衷是通过对危机救助货币政策的实施及其效应的分析，并总结国际经验，得出一些有益的经验和引以为戒的教训。针对得出的经验和教训，结合实证结论，对未来危机救助货币政策的完善提出参考性建议。

滴水之恩当涌泉相报。在本书的写作及出版过程中有太多的人给予了我无私的支持和帮助。在本书付梓之际，在此谨向他们表达我衷心的感谢。首先，要感谢我的导师张志敏教授的悉心指导和帮助。在整个博士生涯中，导师不断地教我做人做事的道理，在生活上给予我无微不至的关怀与照顾，在学习上对我严格要求，使我在诸多方面都取得了很大的进步。在论文写作期间，从论文选题、论文结构制定到最终定稿，每一步都渗透了张老师的心血。张老师深厚的学术功底，严谨的治学态度，对学术永无止境的探索精神，对学生耐心认真的指导，都深深地教育和激励着我，让我受益匪浅。在今后的工作和生活中，我将一如既往地贯彻导师对我的教诲，向着自己的人生目标不断前进。

其次，要感谢中央财大经济学院王柯敬教授、赵丽芬教授、蒋选教授，3位老师无论是严谨务实的治学态度，还是谦虚宽厚的高尚品格，都值得我敬重一生。感谢于爱芝教授和王立勇教授在论文写作过程中给予我的悉心指导和帮助。

再次，要感谢3年来一起学习、生活的同学和朋友们，他们给了我许多学习上的启迪和生活上的帮助。有了你们，我的博士生活才更加绚丽多彩。

最后，还要感谢我的同门师妹岳柳汐和师弟苑西恒，在我论文开题和收

集资料等方面给予我无私帮助。

　　谨向所有关心、帮助我的亲友朋辈们表示最诚挚的谢意！我将以帮助和支持我的人为榜样，以实际行动一点一滴地回报他人。

李秀婷

2015 年 6 月